现代汉语学习参考

（模拟题与练习答案）

黄伯荣　李　炜　主编

北京大学出版社
PEKING UNIVERSITY PRESS

图书在版编目(CIP)数据

现代汉语学习参考.模拟题与练习答案/黄伯荣,李炜主编.—北京：北京大学出版社,2013.3
(21世纪汉语言专业规划教材)
ISBN 978-7-301-16168-5

Ⅰ.①现… Ⅱ.①黄… ②李… Ⅲ.①现代汉语—高等学校—教学参考资料 Ⅳ.①H109.4

中国版本图书馆 CIP 数据核字(2013)第 045299 号

书　　　　名：	现代汉语学习参考(模拟题与练习答案)
著作责任者：	黄伯荣　李　炜　主编
责 任 编 辑：	李　凌　杜若明
标 准 书 号：	ISBN 978-7-301-16168-5/H · 3263
出 版 发 行：	北京大学出版社
地　　　　址：	北京市海淀区成府路 205 号　100871
网　　　　址：	http://www.pup.cn　新浪官方微博:@北京大学出版社
电 子 信 箱：	zpup@pup.pku.edu.cn
电　　　　话：	邮购部 62752015　发行部 62750672　编辑部 62753027　出版部 62754962
印　刷　者：	河北博文科技印务有限公司
经　销　者：	新华书店
	650 毫米×980 毫米　16 开本　11.25 印张　192 千字
	2013 年 3 月第 1 版　2024 年 8 月第 12 次印刷
定　　　价：	29.00 元

未经许可,不得以任何方式复制或抄袭本书之部分或全部内容。
版权所有,侵权必究
举报电话：010－62752024　　电子信箱：fd@pup.pku.edu.cn

编辑委员会

主编 黄伯荣　李　炜

执笔（按姓氏拼音排序）
黄伯荣　匡小荣　李　炜
李丹丹　林华勇　刘街生
吴吉煌　杨敬宇　杨泽生

编写说明

本书是配合黄伯荣、李炜主编的《现代汉语（上、下册）》而编写的。内容包括两个方面：一是模拟题及其答案，二是教材中"复习与练习"、"思考与讨论"的答案。

模拟题共 10 套，其中上册 4 套，下册 4 套，上下册综合 2 套，题后附有参考答案。这些模拟题覆盖了教材中主要的知识点，并突出重点和难点，是对教材"复习与练习"的有效补充。模拟题可供教师进一步考察学生的学习情况，学生也可通过模拟测试强化对现代汉语知识的理解与应用。

"复习与练习"是现代汉语学习的重要环节，本书为教材中每一章节后的"复习与练习"提供了答案。"思考与讨论"是开放性的，书中所给提示可以引导有兴趣的同学进行深入的思考。

目 录

《现代汉语》上册模拟题 ·· 1
   第一套 ··· 1
   第二套 ··· 6
   第三套 ··· 10
   第四套 ··· 15

《现代汉语》下册模拟题 ·· 20
   第一套 ··· 20
   第二套 ··· 25
   第三套 ··· 30
   第四套 ··· 36

《现代汉语》综合模拟题 ·· 41
   第一套 ··· 41
   第二套 ··· 47

《现代汉语》(上册)模拟题答案 ·· 53
   第一套 ··· 53
   第二套 ··· 55
   第三套 ··· 57
   第四套 ··· 59

《现代汉语》(下册)模拟题答案 ·· 61
   第一套 ··· 61
   第二套 ··· 63
   第三套 ··· 65

第四套 ·· 66

《现代汉语》综合模拟题答案 ························· 69
　　第一套 ·· 69
　　第二套 ·· 72

《现代汉语》复习与练习答案 ························· 75
　　第一章　绪论 ··· 75
　　第二章　语音 ··· 77
　　第三章　文字 ··· 98
　　第四章　词汇 ··· 106
　　第五章　语法 ··· 119
　　第六章　修辞 ··· 150

《现代汉语》思考与讨论参考答案 ··················· 167
　　第一章　绪论 ··· 167
　　第二章　语音 ··· 167
　　第三章　文字 ··· 168
　　第四章　词汇 ··· 168
　　第五章　语法 ··· 170
　　第六章　修辞 ··· 171

《现代汉语》上册模拟题

第一套

一、单项选择题(每题1分,共25分)

1. 现代汉民族共同语的基础方言是:
   A. 所有的汉语方言　　　　B. 北京话
   C. 北方方言　　　　　　　D. 普通话

2. 语音物理性质的四要素是指:
   A. 音节、音素、音位、音段　　B. 音高、音强、音长、音色
   C. 元音、辅音、声母、韵母　　D. 轻音、重音、字调、句调

3. 下列普通话辅音声母中,全是浊音声母的一组是:
   A. zh ch sh r　　　　　　B. m n l r
   C. b p m f　　　　　　　D. d t n l

4. 下列各项中,两个音节声母的发音部位相同的是:
   A. 赞助　　B. 家乡　　C. 难免　　D. 报告

5. 下列词语中,"不"变为35调的是:
   A. 去不去　　B. 不去　　C. 不走　　D. 不好

6. 下列各项中,两个音节都是零声母的是:
   A. 落叶　　B. 温和　　C. 如意　　D. 安慰

7. "鱼"和"衣"在韵母上的区别是:
   A. 唇形的圆和不圆　　　　B. 舌位的前和后
   C. 舌位的高和低　　　　　D. 舌面和舌尖

8. "ei"和"ie"两个韵母的韵腹:
   A. 都是e
   C. 前者是ê,后者是e　　　　B. 都是ê
   D. 前者是e,后者是ê

9. 下列各项中,两个韵母都是齐齿呼的是:
   A. 预见　　　B. 容易　　　C. 响亮　　　D. 天堂
10. 与"良师益友"声调顺序相同的是:
    A. 花团锦簇　B. 流芳百世　C. 立竿见影　D. 浑身是胆
11. 普通话中,能和"j、q、x"构成音节的韵母属于:
    A. 齐齿呼和撮口呼　　　　B. 齐齿呼和合口呼
    C. 开口呼和合口呼　　　　D. 合口呼和撮口呼
12. 下列各项中,两个汉字的读音拼写都正确的是:
    A. 庇护 pìhù　　　　　　B. 玷污 zhànwū
    C. 酗酒 xùjiǔ　　　　　　D. 造诣 zàozhǐ
13. 下列各项中,两个音节的拼写方式都正确的是:
    A. 期望 qīwàng　　　　　B. 血缘 xuèyuán
    C. 流云 lióuyuén　　　　　D. 野味 yiěwèi
14. 我国最早成体系的文字是:
    A. 金文　　　B. 甲骨文　　C. 陶文　　　D. 小篆
15. 下列形声字中,声旁相同的一组是:
    A. 闻、闽　　B. 臂、脏　　C. 贼、坝　　D. 誓、唁
16. 下列各组中,每个字都是多音多义的是:
    A. 恶　差　和　　　　　　B. 决　公　生
    C. 柔　揉　踩　　　　　　D. 妨　哄　这
17. 据《现代汉语常用字表》,现代汉字的常用字和次常用字共:
    A. 7000 个　B. 6000 个　C. 3500 个　D. 2500 个
18. 下列各组字中,都是象形字的一组是:
    A. 鱼　苗　灭　　　　　　B. 手　鸟　耳
    C. 车　甘　立　　　　　　D. 寒　禾　斧
19. "叵、忐、函"三个汉字的结构模式分别是:
    A. 左右结构、上下结构、上下结构
    B. 包围结构、上下结构、上下结构
    C. 包围结构、上下结构、包围结构
    D. 左右结构、上下结构、包围结构

20. 下列各组中,两个词属于反义关系的是:
    A. 疲倦—疲乏   B. 算计—合计
    C. 驱赶—驱逐   D. 朴实—华丽
21. "汗颜、冲凉"分别属于:
    A. 方言词、外来词   B. 古语词、方言词
    C. 古语词、外来词   D. 外来词、方言词
22. "我们、他们、你们"中的"们"都是:
    A. 结构助词   B. 成词语素
    C. 人称代词   D. 定位语素
23. 下列各项中,属于惯用语的是:
    A. 闹肚子   B. 脑门子   C. 碰钉子   D. 棒子面
24. 下列词语中,属于重叠式合成词的是:
    A. 茫茫   B. 常常   C. 皑皑   D. 蛐蛐
25. 下列词的意义变化途径是词义缩小的一项是:
    A. 兵   B. 牢   C. 臭   D. 走

二、多项选择题(每题2分,共10分)

1. 下列各项中,读轻声的词有:
    A. 健儿   B. 木头   C. 我们   D. 妹妹   E. 老子(古代人名)
2. 现在还使用汉字的国家有:
    A. 越南   B. 日本   C. 泰国   D. 蒙古   E. 新加坡
3. 下列各组字中,形旁都属于"手"旁的有:
    A. 看、友   B. 拾、拜   C. 修、迅   D. 秉、攀   E. 字、行
4. 下列各组同义词有色彩差异的是:
    A. 尾随—跟随   B. 奢靡—奢华   C. 月球—月亮
    D. 机灵—灵巧   E. 谨慎—慎重
5. 下列各项中,属于联绵词的是:
    A. 辉煌   B. 偏颇   C. 秋千   D. 惆怅   E. 侉侉

三、简答题(每题 5 分,共 15 分)

1. 汉语拼音方案规定 ü 行韵母跟 j 行声母相拼时上面两点省略,跟 n、l 相拼时上面两点不省略。请以声韵配合规律说明这一设计的原理。
2. 汉字笔画的组合有几种方式,请举例说明。
3. 在一次小学语文考试中,有一个题目要求写出"正"的反义词,有的学生答"歪",被判为错误,因为标准答案是"反"。"正"的反义词是否只有一个,为什么?

四、分析题(共 36 分)

1. 分析下列汉字的音节结构。(6 分)

汉字	声母	韵头	韵腹	韵尾	调值
决					
命					
耳					

2. 按照"啊"的变读规律,在横线上写出汉字,在括号中写出相应的读音。(5 分)

   (1) 同学们都来_____(　　)!
   (2) 这是一部多好的书_____(　　)!
   (3) 都来看_____(　　)!
   (4) 这就是所谓的新诗_____(　　)!
   (5) 你的土方子还真行_____(　　)!

3. 用汉语拼音拼写下列诗句以及作者名。(5 分)

   在康河的柔波里,
   我甘心作一条水草。　(徐志摩)

4. 指出下列汉字的造字方法。(5 分)

   见(　) 坡(　) 恭(　) 刃(　) 果(　)

5. 根据汉语引入外来词的方式和结构形式,指出下列外来词的类型。(5分)

咖喱_____ 休克_____ 绷带_____

剑桥_____ 卡片_____

6. 辨析下列同义词。(每组5分,共10分)

（1）把柄—凭据

（2）雕刻—雕琢

五、论述题(每题7分,共14分)

1. 儿化有什么作用?请结合下面提供的实例加以论述。

   A. 把眼闭起来

      这片菜叶有个眼儿

   B. 不要在墙上乱写乱画

      他买了一幅画儿

      他画了一张画儿

   C. 那匹马看起来很精神

      我就喜欢养小马儿

      马儿啊,你慢些跑

2. 现代汉语的多义词和同音同形词为什么容易混淆?区别它们的一般原则是什么?请结合实例加以论述。

第二套

一、单项选择题(每题 1 分,共 25 分)

1. 下列方言中属于北方方言的是:
   A. 长沙话　　B. 厦门话　　C. 南京话　　D. 上海话
2. 造成"大意"和"大衣"中的"意"和"衣"读音不同的主要原因是:
   A. 音高　　B. 音强　　C. 音长　　D. 音色
3. 下列各项中,两个都是塞音的是:
   A. b j　　B. d k　　C. h r　　D. p m
4. 下列各项中,后一个音节一定读轻声的是:
   A. 甜头　　B. 棉花　　C. 意义　　D. 瓜子
5. 不属于人的发音器官的是:
   A. 口腔　　B. 肺部　　C. 声带　　D. 耳朵
6. 下列各项中,韵尾为 u 的是:
   A. 多　　B. 富　　C. 牛　　D. 许
7. 下列各项中,读音按"阴阳上去"排列的是:
   A. 山重水复　　B. 一视同仁　　C. 汪洋大海　　D. 心慈手软
8. 不是轻声的作用的是:
   A. 表示小的　　B. 区别词性　　C. 区别词义　　D. 协调韵律
9. 汉语拼音字母 i 表示的音位数目是:
   A. 1 个　　B. 2 个　　C. 3 个　　D. 4 个
10. 下列各项中,韵母都是后响复韵母的是:
    A. 结果　　B. 劳累　　C. 漂流　　D. 高楼
11. 秦始皇统一六国后推行的标准字体是:
    A. 大篆　　B. 隶书　　C. 金文　　D. 小篆
12. 下列各字中,偏旁与部件不对应的是:
    A. 刘　　B. 汉　　C. 邦　　D. 街
13. 属于会意字的是:
    A. 卡　　B. 燕　　C. 上　　D. 江

14. "凹、乃、象"三个汉字的笔画数分别是：
    A. 五、三、十一 B. 五、二、十一
    C. 五、二、十   D. 五、二、十二

15. 下列成语中,不包含两个反义语素的是：
    A. 张弛有度   B. 声东击西
    C. 避重就轻   D. 出尔反尔

16. "基因、鼻祖"分别属于：
    A. 方言词、外来词   B. 古语词、方言词
    C. 外来词、古语词   D. 外来词、方言词

17. 下列各组中,两个词都属于主谓型的是：
    A. 自习 体验   B. 眼红 眼泪
    C. 自大 司令   D. 夏至 夏天

18. 下列词的意义变化途径与其他三项不同的一项是：
    A. 汤   B. 金   C. 涕   D. 闻

19. 每个词都有定位语素的一组是：
    A. 老朽 老虎   B. 舌头 桥头
    C. 条子 篮子   D. 弱化 变化

20. 下列各组中,每个成员都跟合成词"提高"的结合方式相同的是：
    A. 扩大 动员 突破   B. 纠正 虚弱 抓紧
    C. 说明 接近 缩小   D. 促进 深入 转移

21. "早晨—上午—中午—傍晚"等时间词之间没有明确的界限,这种现象所反映出的词义的主要性质是：
    A. 概括性   B. 民族性   C. 模糊性   D. 客观性

22. "踟蹰"是：
    A. 双声词   B. 叠韵词   C. 音译词   D. 外来词

23. 下列汉字中,用"草书楷化"方法简化得来的是：
    A. 谷(穀)   B. 叶(葉)   C. 门(門)   D. 斗(鬥)

24. "天下乌鸦一般黑"属于熟语中的：
    A. 谚语   B. 成语   C. 惯用语   D. 歇后语

25. 下列词语中，"功"字使用不当的是：
    A. 事半功倍　　　　　B. 全功尽弃
    C. 异曲同功　　　　　D. 计日程功

二、多项选择题（每题 2 分，共 10 分）

1. 下列各项中，声母都是送气的有：
    A. 开学　　B. 从前　　C. 碰头　　D. 劝告　　E. 传说
2. "知己"两个音节的韵母：
    A. 韵腹相同　　　　　B. 韵腹不相同
    C. 都是单元音韵母　　D. 都属于齐齿呼
    E. "知"属于开口呼，"己"属于齐齿呼
3. 下列汉字的笔顺可以用"从上到下"规则解释的是：
    A. 丁　　B. 巨　　C. 上　　D. 互　　E. 人
4. 下列词语属于古语词的是：
    A. 东道主　B. 祖父　C. 败北　D. 丞相　E. 儿童
5. 下列各项中，不属于省并简称的是：
    A. 高低杠　B. 装卸工　C. 进出口　D. 阴阳脸　E. 大小姐

三、简答题（每题 5 分，共 15 分）

1. 声母、韵母和辅音、元音有何不同？
2. 有人把"恭"字下面的部件写成"水"，把"步"字下面的部件写成"少"，从造字法的角度说明为什么不能这样写。
3. 举例说明重叠式合成词和叠音词的区别。

四、分析题（共 36 分）

1. 指出下列汉字所属的四呼类型。（6 分）
    权（　　）　　吃（　　）　　对（　　）
    表（　　）　　熊（　　）　　孔（　　）
2. 指出下列词语的结构类型，如"恍惚：单纯词，联绵词"，"牛奶：合成词，偏正型"。（6 分）
    琉璃：_____　　　　　变化：_____　_____

美化：_____ _____　　贴士：_____ _____

信封：_____ _____　　看透：_____ _____

3. 根据上下文，指出各句画线部分中读重音的词。(3分)

　(1) 他会骑自行车，但是不会修自行车。(　　)

　(2) 他会骑自行车，但是不会骑摩托车。(　　)

　(3) 他会骑自行车，但是我不会骑。　(　　)

4. 指出下列句子不同的停顿可能，不同的停顿得到的意义是什么？(4分)

　(1) 三日内蒙古会有一股强大的冷空气经过。

　(2) 他说他想起来了。

5. 分析下列汉字的组合方式。(4分)

　(1) 壹 (　　)　　(2) 句 (　　)

　(3) 向 (　　)　　(4) 相 (　　)

6. 将下列词语分类。(8分)

　惆怅　沙龙　幽默　尴尬　谢忱　克隆　亚健康　软实力

　方言词：_____　　新　词：_____

　古语词：_____　　外来词：_____

7. 用波浪线标示下面句子中使用不当的词语并加以改正。(5分)

　(1) 为了爱情，她抛弃了继承巨额遗产的权利。(　　)

　(2) 这部反映新时代都市生活的话剧马上就要揭幕了。(　　)

　(3) 贫寒的出身，让他比常人多了一段坎坷的阅历。(　　)

　(4) 路上很静，偶然才有一辆汽车驶过。(　　)

　(5) 孩子才半岁，就能判别出自己的妈妈。(　　)

五、论述题(每题7分，共14分)

1. 部件和偏旁是一回事吗？

2. 结合实例论述现代汉语词汇规范工作的主要内容及需要注意的问题。

第三套

一、单项选择题(16分)

1. 汉语方言分区有"七区说"和"十区说"两种不同的观点,下列各方言,既出现在"七区说"中,又出现在"十区说"中的是:
   A. 徽语　　B. 客家话　　C. 平话　　D. 晋语

2. 下列各项中,两个音节的声母按先清后浊顺序排列的是:
   A. 诗歌　　B. 酷热　　C. 美丽　　D. 先生

3. 下列各项中,两个韵母都是前高元音的是:
   A. 服气　　B. 模糊　　C. 戏曲　　D. 沐浴

4. 下列各项中,都有韵头的韵母是:
   A. ua iang ueng　　　　B. ei ou ie
   C. ua en ing　　　　　D. uei in ai

5. 下列各项中,有两个音节是去声的是:
   A. 齐心协力　　　　　B. 铁面无私
   C. 众口难调　　　　　D. 货真价实

6. 语气词"啊"变读为 wa 的是:
   A. 多高啊!　　　　　B. 写字啊!
   C. 去哪儿啊!　　　　D. 快唱啊!

7. 下列拼写中,不应该去掉 ü 上两点的是:
   A. lüe　　B. yue　　C. xue　　D. jue

8. 在"我们不可①以②某人的穿着来判断他③的④品性。"这个句子中,一定要停顿的地方是:
   A. ①　　B. ②　　C. ③　　D. ④

9. 世界上持续使用时间最长的文字是:
   A. 英文　　B. 埃及文　　C. 汉字　　D. 俄文

10. 下列汉字中用指事法造出来的是:
    A. 从　　B. 上　　C. 武　　D. 品

11. "桅"字在形音义的关系上是属于：
    A. 一形一音一义　　　　　B. 一形一音多义
    C. 一形多音一义　　　　　D. 一形多音多义
12. "香草"和"香槟"中的"香"：
    A. 都是语素　　　　　　　B. 都不是语素
    C. 前者是语素，后者不是语素　D. 前者不是语素，后者是语素
13. 下列各组都属于附加式合成词的是：
    A. 老师、光头、松子　　　B. 老虎、苦头、帽子
    C. 老路、灯头、莲子　　　D. 老人、盼头、桌子
14. 下列各组中，加点的词属于多义词的是：
    A. 白跑一趟　白了少年头　B. 航班起飞　经济起飞
    C. 蓝制服　制服了他　　　D. 花冤枉钱　花开得很艳
15. 下列各组中，都是外来词的是：
    A. 互联网　的士　　　　　B. 引擎　摩登
    C. 电脑　迷你　　　　　　D. 大巴　超市
16. 《现代汉语词典》属于：
    A. 语文词典　　　　　　　B. 百科词典
    C. 字典　　　　　　　　　D. 百科全书

二、多项选择题（14分）

1. 从语言学的角度看，口语和书面语的差别主要是风格上的，口语的特点有：
    A. 用词精确　　B. 比较灵活　　C. 结构严谨
    D. 常有省略　　E. 多用整句
2. 下列各项中，韵母属于齐齿呼的有：
    A. 飞　　　　　B. 密　　　　　C. 霞
    D. 知　　　　　E. 将
3. 下面的论述正确的有：
    A. ê除了作为少数几个叹词的韵母自成音节外，不能作为单韵母使用。
    B. 舌尖单韵母只能跟 z、c、s、zh、ch、sh、r 相拼，而且没有零声母

音节。

C. 能充当韵尾的音素有[i]、[u]和[o]，如 ai、ou、ao。

D. o 韵母只能同双唇音或唇齿音声母相拼。

E. n 和 l 能跟所有的韵母相拼。

4. 产生于东汉时代的字体有：

　　A. 行书　　　　B. 汉隶　　　　C. 今草

　　D. 楷书　　　　E. 狂草

5. 下列汉字中属于省声字的是：

　　A. 役　　　　　B. 姗　　　　　C. 疫

　　D. 村　　　　　E. 吞

6. 下列各项可以看做是离合词的是：

　　A. 洗澡　　　　B. 说服　　　　C. 鞠躬

　　D. 吃饭　　　　E. 白菜

7. 下列简称属于拼音字母简称的是：

　　A. HSK（汉语水平考试）　　　B. CBA（中国篮球协会）

　　C. RMB（人民币）　　　　　　D. WTO（世界贸易组织）

　　E. CPI（消费物价指数）

三、填空题（每空 1 分，共 10 分）

1. 现代汉语规范化工作包括推广_____和_____规范化两项重要内容。

2. 分析单韵母元音，要从舌位高低、_____和_____三个方面进行说明。

3. 重音包括两种类型：_____重音和_____重音。

4. 文字是_____的书写符号系统，是最重要的_____交际工具。

5. 从"诗书礼易春秋"缩略为"五经"属于_____，从"中学小学"缩略为"中小学"属于_____。

四、分析题(共 39 分)

1. 根据发音分析写出相应的汉语拼音。(5 分)

   (1) 舌尖前不送气清塞擦音 _____

   (2) 舌面后清擦音 _____

   (3) 舌尖中浊边音 _____

   (4) 舌面前高不圆唇元音 _____

   (5) 舌面后半高圆唇元音 _____

2. 分析下列音节结构。(每字 2 分,共 10 分)

	声母	韵头	韵腹	韵尾	调值
月					
球					
广					
似					
依					

3. 写出下列繁体字或异体字相应的现代规范用字。(3 分)

   (1) 樂:_____ (2) 夠:_____

   (3) 仝:_____ (4) 棗:_____

   (5) 壓:_____ (6) 會:_____

4. 把下列形声字按声旁和形旁的配合方式填入下表。(6 分)

   秉　星　欣　政　龚　闰

上形下声	
下形上声	
右形左声	
外形内声	

5. 请找出下面句子中的古语词。(5 分)

   　　由于学历高,家庭条件好,本来就令很多男士望而却步。让她更苦恼的是,本身就快成"白骨精"了,但父母立下的"家规"使她更加喘不过气来——对象必须门当户对,否则免谈。

_____、_____、_____、_____、_____

6. 分析下列新词的产生方式。(5分)

(1) 网民:_____ (2) 海归:_____

(3) 按揭:_____ (4) 写真:_____

(5) 接轨:_____

7. 辨析同义词:滑稽—幽默。(5分)

五、论述题(每题 7 分,共 21 分)

1. 有些方言区的人在说普通话的时候会混淆下列词语,请指出混淆的原因和分辨的方法:

   (1) 暂时—战时

   (2) 烂—难

2. 声旁表音作用的局限性主要有哪些表现?请举例说明。

3. "手""来""水""冷"这几个语言单位,有人说它们是语素,有人说它们是词。请谈谈你的看法,并说明理由。

第四套

一、单项选择题(20分)

1. 在春秋时期,汉民族的共同语被称为:
   A. 雅言　　B. 通语　　C. 官话　　D. 国语
2. 语音最本质的属性是:
   A. 物理属性　B. 生理属性　C. 心理属性　D. 社会属性
3. 下列各项中,两个拼音的发音方法都是擦音的是:
   A. f c　　B. q j　　C. h t　　D. x s
4. 下列各项中,两个音节的韵腹相同的是:
   A. 观光　　B. 经常　　C. 相同　　D. 轮流
5. 下列各项中,不能出现在韵头位置的是:
   A. i　　B. o　　C. ü　　D. u
6. 下列各项中,都不能和声母 z 相拼合的韵母是:
   A. uai uang　　　　B. en uen
   C. o uo　　　　　D. ao ia
7. 下列关于声调性质的论述不正确的是:
   A. 声调的音高是相对的　　B. 声调是依附在音节上的
   C. 声调是所有语言都具有的　D. 声调变化能区别意义
8. 普通话把"金鱼"读成"金鱼儿",这一儿化音变的变化方式是:
   A. 韵尾脱落并卷舌　　　B. 增加央元音并卷舌
   C. 变成央元音并卷舌　　D. 直接卷舌
9. 下列标点符号中,所标示的停顿长度最长的是:
   A. 问号　　B. 冒号　　C. 逗号　　D. 分号
10. 汉字印刷中最常见的字体是:
    A. 行书　　B. 隶书　　C. 楷书　　D. 小篆
11. 下列汉字中用会意法造出来的是:
    A. 刃　　B. 凸　　C. 戒　　D. 三

12. 下列各项中,不属于精简字数的工作的是:
    A. 整理异体字　　　　　B. 整理异形词
    C. 更改地名生僻字　　　D. 统一计量单位用字

13. 下列各项中,"词汇"的用法正确的是:
    A. 这个词汇用得不准确
    B. 要正确理解这个句子中的关键词汇
    C. 他正在研究《儿女英雄传》的词汇
    D. "春天"是一个很美的词汇

14. 汉语的"姨妈、姑妈、婶婶"翻译为英语都是"aunt",这体现出词义的:
    A. 概括性　B. 模糊性　C. 民族性　D. 不对称性

15. 下列各组中两个语素都是不定位语素的是:
    A. 了、阿　B. 可、者　C. 自、的　D. 民、语

16. 下列各项中,构成顺序语义场的一组是:
    A. 热带—温带—寒带　　B. 台灯—壁灯—吊灯
    C. 车—汽车—公共汽车　D. 死去—死亡—仙逝

17. 下列合成词跟"冰凉"构成方式相同的是:
    A. 匆忙　B. 飞快　C. 花朵　D. 细腻

18. 下列加点的词在句中表示比喻义的是:
    A. 比赛已经进入尾声。
    B. 文章揭开了犯罪团伙的内幕。
    C. 潺潺的水声犹如美妙的音乐。
    D. 秦岭是四川盆地北面的一道屏障。

19. 下列各项中,属于反义词的一组是:
    A. 有权—无权　　　B. 白色—漆黑
    C. 庞大—弱小　　　D. 积累—消耗

20. 下列各项中,不属于基本词汇特点的是:
    A. 全民性　B. 稳固性　C. 能产性　D. 创新性

二、多项选择题(10分)

1. 唐宋时期用白话写作的文学作品样式有：
   A. 唐代变文　B. 宋代语录　C. 宋代话本　D. 宋词　E. 唐传奇
2. 下列各项中，声母完全相同的有：
   A. 藏族　　　B. 梗概　　　C. 知己　　　D. 辨别　　　E. 理论
3. 不是以文字书写的材料来命名的字体有：
   A. 小篆　　　B. 隶书　　　C. 金文　　　D. 甲骨文　E. 楷书
4. 下列汉字的笔顺符合"从上到下"规则的有：
   A. 力　　　　B. 弓　　　　C. 车　　　　D. 斗　　　　E. 千
5. 下列各项中包含词缀的有：
   A. 砖头　　　B. 烟头　　　C. 盆儿　　　D. 骗子　　　E. 幼儿

三、判断正误(10分)

1. 2000年，《中华人民共和国国家通用语言文字法》正式施行。（　　）
2. 书面语并不完全等同于写在书面上的语言，而是指在口语的基础上经过加工的、比较严谨周密的语言。（　　）
3. 在现代汉语普通话音节中，韵母等于元音，声母等于辅音。（　　）
4. "黑夜"两个音节的韵母都是前响复韵母。（　　）
5. 普通话的四声在连读时都会发生一些变化，但是变化最大的还是上声变调。（　　）
6. 一种语言只能用某一种文字来记录。（　　）
7. "睡"是亦声字。（　　）
8. "车床"和"秋千"都是双声联绵词。（　　）
9. "江"原义指长江，现在泛指较大的河流，这种现象属于词义的转移。（　　）
10. "澎湃"是由一个语素构成的词。（　　）

四、分析题(42分)

1. 指出下列汉字所属的四呼类型。(6分)

   选：_____　　字：_____　　而：_____

   洪：_____　　酱：_____　　负：_____

2. 根据"啊"的音变规律填上适当的汉字,并在括号内标注实际读音。(10分)

(1)这些粗心的孩子_____(　　)!

(2)那只小猪真可爱_____(　　)!

(3)这样的服务怎么能叫模范_____(　　)!

(4)轮到你了,你唱_____(　　)!

(5)你教得可真好_____(　　)!

3. 下列拼音的拼写有误,请改正。(5分)

(1) 春天 chuēntiān：_____

(2) 方案 fāngàn：_____

(3) 下雨 xiàyǔ：_____

(4) 威严 uēiyá：_____

(5) 洋溢 yángì：_____

4. 指出下列汉字的造字方法。(6分)

(1) 伐：_____　　(2) 牛：_____

(3) 期：_____　　(4) 末：_____

(5) 亦：_____　　(6) 州：_____

5. 改正下列词语中错误的字。(5分)

(1) 英雄倍出：_____　　(2) 行踪鬼秘：_____

(3) 性情急燥：_____　　(4) 破斧沉舟：_____

(5) 相形见拙：_____

6. 指出下列合成词的结构类型,如"说服:补充型"。(5分)

(1) 揭露：_____　　(2) 诅咒：_____

(3) 笔直：_____　　(4) 车辆：_____

(5) 心痛：_____

7. 根据汉语引入外来词的方式和结构形式,指出下列外来词的类型。(5分)

(1) 哈达：_____　　(2) 探戈：_____

(3) 血拼：_____　　(4) 美国：_____

(5) 迷你裙：_____

五、简答题(每题 6 分,共 18 分)

1. 复韵母听起来为什么跟两个单韵母的结合不同？请举例说明。
2. 举例说明整理异体字的原则。
3. 什么是词的理性义和色彩义？请举例说明。

《现代汉语》下册模拟题

第一套

一、单项选择题(每题 1 分,共 20 分)

1. "语法学和和语法学相关的学科"中前后两个"和"分别是:
   A. 连词、介词　B. 介词、连词　C. 连词、连词　D. 介词、介词

2. 下列各组中,两个都是动词的是:
   A. 任性 珍惜　B. 可能 可爱　C. 互助 忽视　D. 奉承 难看

3. 下列各项中,加点的词属于词类活用的是:
   A. 这位代表代表大家发了言。
   B. 有同情心的人都会同情他的遭遇的。
   C. 他呀,比卓别林还卓别林。
   D. 那封信忘了封口儿了。

4. "围观的人群中响起了喊喊喳喳的声音。"这个句子是:
   A. 存现句　　B. 主谓谓语句　C. 双宾句　　D. 连谓句

5. 下列各组中,词组的结构关系不同的是:
   A. 明白得很　高得出奇　　B. 非常正确　一颗红豆
   C. 红日高照　目光短浅　　D. 东岳泰山　北京上海

6. "在北京学习"是:
   A. 连谓短语　B. 介词短语　C. 动宾短语　D. 偏正短语

7. 下列各项中,带多层定语的短语是:
   A. 亭亭的舞女的裙　　　　B. 鲁镇的酒店的格局
   C. 他的"互动式教学"的做法　D. 低垂的梨树枝头上的小鸟

8. 下列句子中,没有插入语的一句是:
   A. 这种变化,简单地说,就像水结成冰一样。
   B. 看上去他很开心。
   C. 这篇文章从头到尾都在探讨环保问题。
   D. 那件衣服,说实在的,真不算贵。

9. 下列句子属于兼语句的是:
   A. 他告诉我明天去香港。　　B. 母亲希望我年底回一趟家。
   C. 他去伦敦学习。　　　　　D. 公司派他去进修。

10. 下列句子中的宾语属于受事的是:
    A. 我写钢笔。　　　　　　　B. 他修钢笔。
    C. 墙缝里冒出一缕青烟。　　D. 你没有机会了。

11. 下列句子中属于形容词性非主谓句的是:
    A. 真奇怪!　　　　　　　　B. 快跑!
    C. 好香的茶!　　　　　　　D. 小心地滑。

12. 下列各项中,有两个意思的是:
    A. 甲方与乙方的辩论　　　　B. 读书与写作的关系
    C. 货币与商品的流通　　　　D. 想象与艺术的构思

13. 下列句子中,属于复句的是:
    A. 只有小王来,我们才能完成任务。
    B. 只有你,我才信得过。
    C. 无论谁介绍来的人,他都热情接待。
    D. 无论谁,也没有想到事情会解决得这么顺利。

14. 下列复句中,属于选择复句的是:
    A. 他不但学问渊博,而且道德高尚。
    B. 与其跪着生,不如站着死。
    C. 现在大家纪念他,可见他的精神感人之深。
    D. 出去散散心也好,不过别走远了。

15. "暴虐的风雪封了山和水,却封不住乡邮员的脚步。"这句话里运用的修辞格是:
    A. 比喻　　　B. 比拟　　　C. 夸张　　　D. 拈连

16. 下列句子中,没有用比喻的是:

　　A. 看他那认真的样子,倒真像是我家的一位至亲。

　　B. 她成了她姨父的拐杖,姨父走到哪里,她就跟到哪里。

　　C. 他很讲究穿戴,衣服是他的第二生命。

　　D. 法网恢恢,疏而不漏。

17. 下面成语属于"仄平平仄"的是:

　　A. 戮力同心　　B. 蔚然成风　　C. 习以为常　　D. 不刊之论

18. "一日练一日功,一日不练十日空。"使用的修辞方式是:

　　A. 押韵　　　　B. 对偶　　　　C. 排比　　　　D. 回环

19. 两种或者两种以上的辞格交织在一起,互相重叠,融为一体,这是修辞格的:

　　A. 套用　　　　B. 连用　　　　C. 叠用　　　　D. 并用

20. "欣逢(　　)八十大寿,略备薄礼,聊表寸心。"中,括号里应填入的最恰当的词语是:

　　A. 你父亲　　　B. 令尊　　　　C. 你爹　　　　D. 你爸

二、多项选择题(每题 2 分,共 10 分)

1. 下列各组中三个词都属于名词的有:

　　A. 服装、疾苦、勇气　　B. 限度、智慧、欲望　　C. 使用、盼望、限制

　　D. 聪明、可爱、痛苦　　E. 爱情、感情、心情

2. 下列各项中,属于主谓谓语句的有:

　　A. 这家商场的管理水平是一流的。

　　B. 这位老人什么苦都吃过。

　　C. 台下不时地响起热烈的掌声。

　　D. 姑娘的歌声优美动听。

　　E. 美丽的西湖景色宜人。

3. 有成分省略的句子是:

　　A. 收到你的来信,很高兴。

　　B. 票!

　　C. 不到黄河心不死!

　　D. 吃过早饭了吗?

E. 有人不同意这个观点。
4. 修辞是：
   A. 考虑选择什么样的词语、什么样的句子、什么样的表达方式才合适。
   B. 根据实际需要对表达做出调整、修饰。
   C. 借助各种衔接手段保持上下文语义的连贯性。
   D. 面对不同的交际领域、内容、目的、对象、场合和媒介等调整语言表达方式。
   E. 有意识地、有目的地运用语言交际。
5. "虚心使人进步，骄傲使人落后。"这句话中运用的修辞格有：
   A. 排比   B. 对比   C. 对偶
   D. 双关   E. 拈连

三、简答题（每题 5 分，共 15 分）

1. "二"和"两"在用法上有什么区别？
2. 以"公司派老张去上海。"和"公司同意老张去上海。"为例，说明兼语句和主谓短语做宾语的句子的区别。
3. 什么是谐音？有什么修辞效果？请举例说明。

四、分析题（共 41 分）

1. 分别指出下列各组加点词的词性。（6 分）
   （1）把着权不放（　　　）
       把审批权交给下级部门（　　　）
   （2）我讨厌那些弄虚作假的。（　　　）
       他不会弄虚作假的。（　　　）
   （3）啊，多么壮美的景象！（　　　）
       多么壮美的景象啊！（　　　）
2. 指出下列短语的结构类型。（3 分）
   （1）举手的赞成（　　　）
   （2）送给举手的（　　　）
   （3）刚才举手的（　　　）

3. 用层次分析法分析下列短语。(每题 4 分,共 16 分)
   (1) 从老家来的人
   (2) 淡化对速度和数量的要求
   (3) 这里的气候特别好
   (4) 和我们一起回来
4. 用线性图示的方法分析下列多重复句。(每题 3 分,共 6 分)
   (1) 本品容易受潮,用后盖紧,并放在干燥处,以防止结块。
   (2) 夫妻的感情就像一个玻璃茶杯,偶然轻敲,它就给你发出悦耳的声音;但如果敲得多了,或者敲得重了,就会导致破裂。
5. 判断下列句子所使用的修辞格。(每题 2 分,共 6 分)
   (1) 矮小而年高的垂柳,用慈母的手抚摸着快成熟的庄稼。(   )
   (2) 侦探片子演厌了,爱情片子烂熟了,战争片子看腻了,滑稽片子无聊了,于是乎有《人猿泰山》……   (   )
   (3) 现在学生负担太重,孩子们的童年虽然不在"三味书屋子曰诗云",却也得不到"百草园"的乐趣。   (   )
6. 修改病句。(每题 1 分,共 4 分)
   (1) 劳动任务不但出色地完成了,而且我们的思想也得到了提高。
   (2) 村民们统一了认识,明白了"要致富,先修路"的道理,所以出勤率大大增强。
   (3) 只有长期地攀登,只有永不休止地钻劲,才能达到光辉的顶点。
   (4) 塑料有不受酸碱腐蚀的独到之处,为钢铁所不及。

五、论述题(每题 7 分,共 14 分)

1. 层次分析要注意什么问题?
2. 什么是语境?语境对语言表达有什么影响?请举例说明。

第二套

一、单项选择题（每题 1 分，共 20 分）

1. 下列各项中，能单独受数量短语修饰的是：
   A. 代词　　　B. 动词　　　C. 形容词　　　D. 名词
2. 下列各组中，两个都是区别词的一组是：
   A. 固有　生动　B. 微型　亲自　C. 民营　新颖　D. 慢性　野生
3. 下列各组中，两个词词类相同的是：
   A. 不但　假如　B. 从　仅　C. 也　及　D. 伟大　扩大
4. 下列各组虚词中，属于动态助词的一组是：
   A. 把　被　从　B. 吗　吧　啊　C. 着　了　过　D. 的　地　得
5. 下列各组中，两个都是偏正短语的一组是：
   A. 飞速发展　抓住不放　　　B. 建设速度　控制人口
   C. 经验丰富　刚刚拿走　　　D. 极力推荐　热情接待
6. 与"豆腐两块钱"的结构关系相同的是：
   A. 一碗豆腐　B. 买了一碗　C. 今天星期一　D. 上周星期一
7. 不能用为动量词的是：
   A. 场　　　　B. 枪　　　　C. 顿　　　　D. 桶
8. 下列各句的主语属于名词性主语的是：
   A. 探险可以激发人的潜能。
   B. 说明白是为了让别人更加理解你。
   C. 打球对身体好。
   D. 鼓掌的是坐在最后的那位。
9. 按"从大到小"的层次分析法，"新买来的①北京产的②录像机"和"北京产的③录像机的④功能"这两个复杂句法结构的第一层应该切分在：
   A. ①③　　　B. ②③　　　C. ①④　　　D. ②④

10. 跟"那家餐厅牛肉丸最好吃。"句型相同的是：
    A. 峨眉山的风景很秀丽。　　B. 张老师水平很高。
    C. 张老师，您好！　　　　　D. 我们公司最棒。

11. "问他一件事"中的"一件事"是：
    A. 近宾语　　B. 双宾语　　C. 远宾语　　D. 补语

12. "这条鱼，往少里说，也有二斤。"中的"往少里说"是：
    A. 动语　　B. 状语　　C. 插入语　　D. 同位语

13. 下列句子中，属于紧缩复句的是：
    A. 黑丫头一声比一声高地连叫婶娘。
    B. 心不细就容易校对错。
    C. 我们也骑自行车来。
    D. 我就陪他一起去吧。

14. 下列句子中，属于倒装句的是：
    A. 电视剧《水浒》，许多人都爱看。
    B. 棒极了，这场球！
    C. 不过是说说罢了，何必当真？
    D. 六十块，您有吧？

15. "有一些物产丰美、名胜古迹多的地区，更是宾客盈门，高朋满座。有些领导有时变成'内交家'，自愿地或被迫地生活在彬彬有礼、客客气气的应酬活动中……"这段话中运用的修辞格是：
    A. 借代　　B. 借喻　　C. 拟物　　D. 仿词

16. 下列各项中，否定的程度加强的一项是：
    A. 他办事一点也不考虑后果。　B. 这些内情他并不知道。
    C. 小张不大会说话。　　　　　D. 你不该不相信他。

17. 下列词中的哪一项是专用于书面语的：
    A. 惭愧　　B. 汗颜　　C. 难为情　　D. 不好意思

18. "现在，我仍然坐在丁妈妈缝制的坐垫上。每天上班，我都是怀着别样的心情坐上去的。我常常想：坐在这样的坐垫上，我还有什么理由怨艾叹息？我又有什么理由不去努力创造有价值的人生？"这段话使用了：
    A. 整句　　B. 被动句　　C. 设问句　　D. 反问句

19. "第三次浪潮方兴未艾,第四次浪潮何时到来?今晚听托夫勒说'三'道'四'。"这里使用的修辞方式是:
   A. 改变词语原有的词性   B. 改变词语原有的意义
   C. 改变词语原有的搭配关系 D. 变换词语构成成分的位置

20. "地球内部大致分为地壳、地幔和地核三大部分。整个地球,打个比方,它就像一个鸡蛋,地壳好比是鸡蛋壳,地幔好比是蛋白,地核好比是蛋黄。"这段话使用的修辞格有:
   A. 比喻和排比   B. 比喻和夸张
   C. 排比和夸张   D. 比喻和借代

二、多项选择题(每题2分,共10分)

1. 下列短语中,属于动宾短语的是:
   A. 给他一本书   B. 知道他要来   C. 有条件做这件事
   D. 请他作报告   E. 让他来

2. 下列短语中,有歧义的是:
   A. 在北京的饭店 B. 招待好朋友   C. 打败敌人的军队
   D. 没有调查   E. 讨论关于改革的方案

3. 下列语句中的"的"不属于结构助词的是:
   A. 我是昨天进的城   B. 我会告诉你的   C. 新买的自行车
   D. 遇到一个不讲理的 E. 他是这么说的

4. 下列各项中,用词或搭配不当的有:
   A. 未来将出现一个极地探险的热浪。
   B. 哪一位老师都希望自己教过的学生将来有所作为。
   C. 生活告诉人们,急躁的人往往容易转化为灰心丧气。
   D. 我校经常跟临近学校联合开展活动。
   E. 难道你真不相信我下了这么大功夫吗?

5. "山,刺破青天锷未残。"这句诗运用了辞格:
   A. 对比   B. 比喻   C. 借代
   D. 比拟   E. 夸张

三、请改正下列错误的说法,并说明原因。(每题3分,共15分)

1. 划分词类须以词的意义为依据。
2. "我、你、他"分别表示第一、第二、第三人称,"这里、那里"分别指称处所,所以代词的语法功能相当于名词。
3. "他个子长高了。"是一个形容词谓语句。
4. 修辞是从语言运用效果角度来研究语言的,不是语言的要素,因而跟语音、词汇、语法无关。
5. 语体的差别主要表现在语体风格上,在用词上没有什么差异。

四、分析题(共41分)

1. 分别指出下列各词的词性。(6分)
   (1) 盼望(　　　)　　欲望(　　　)
   (2) 初级(　　　)　　低级(　　　)
   (3) 重要(　　　)　　重新(　　　)

2. 指出下列补语的类型。(6分)
   (1) 出生在贵州的一个小山村(　　　　)
   (2)《泰坦尼克号》看了五次　(　　　　)
   (3) 兴奋得语无伦次　　　　(　　　　)

3. 用层次分析法分析下列多义的短语。(每题6分,共18分)
   (1) 没有进口汽车
   (2) 很多同学买的书
   (3) 关于这部电影的评论

4. 用画线加注法分析下列多重复句。(每题4分,共8分)
   (1) 在他创业之初,既缺乏经营经验,更缺乏资金支持,遇到的困难比一般的创业者要多得多,但他最终还是脱颖而出,并成为一名商界精英。
   (2) 研究所的同志们无不称赞他工作出色,因为他不光本职工作好,而且能帮助别人,所以,到推荐先进工作者的时候,大家一致推荐他。

5. 指出下面一段话中所运用的修辞格。(3分)
   处处干燥,处处烫手,处处憋闷,整个老城像烧透了的砖窑,使人喘不过气来。狗趴在地上吐出红舌头,骡马的鼻孔张得特别大,小贩们不敢吆喝,柏油路晒化了,甚至于铺户门前的铜牌好像也要晒化。

五、论述题(每题 7 分,共 14 分)
1. 造成多义短语的原因主要有哪些?结合实例说明。
2. 有人说,修辞是咬文嚼字、堆砌辞藻,玩文字游戏,请谈谈你的看法。

第三套

一、单项选择题（20分）

1. 下列各项中，属于语法单位的是：
   A. 音素　　B. 语素　　C. 义素　　D. 篇章

2. 下列各组中三个词都是介词的一组是：
   A. 其实、把、自　　　　B. 似的、为、对
   C. 对于、被、于　　　　D. 所以、从、和

3. "电视老王向来是不会去看的"中的"向来"和"是"的词性是：
   A. 副词、动词　　　　　B. 副词、形容词
   C. 形容词、副词　　　　D. 副词、副词

4. 下列各组中，数词不是表示序数的是：
   A. 三月、四月　　　　　B. 三楼、四楼
   C. 三天、四天　　　　　D. 三点钟、四点钟

5. 下列句子中，疑问代词是实指用法，即表示疑问的是：
   A. 最近我哪儿也没去过。
   B. 我不知道哪儿可以买到这本书。
   C. 我才来的时候谁也不认识。
   D. 你说什么就是什么。

6. 与短语"关键时刻"的结构类型不相同的是：
   A. 进攻计划　　　　　　B. 学习知识
   C. 野生动物　　　　　　D. 孩子的顽皮

7. 下列各组中，两个都是动宾结构的是：
   A. 洗得干净　练习工作　B. 利用时间　准确答复
   C. 讲究卫生　调查研究　D. 寻找机会　感到快乐

8. 下列短语中属于连动短语的是：
   A. 辩论开始　　　　　　B. 气得流泪
   C. 躺着不动　　　　　　D. 喜欢旅游

9. 下列各项中,修饰语属于多层状语的是:
   A. 他低着头慢慢地走过来。
   B. 他非常仔细地观察着周围的地形。
   C. 他终于轻轻地吐了一口气。
   D. 大家有说有笑地散步。

10. "学校里昨天来了两个外国朋友。"和"昨天学校里来了两个外国
    　①　②　　　　　　　　　　　　③　④
    朋友。"两句中的主语分别是:
    A. ①③   B. ②④   C. ①④   D. ②③

11. "哎哟!"属于非主谓句中的:
    A. 动词句   B. 叹词句   C. 拟声词句   D. 形容词句

12. 下列复句中,属于因果复句的是:
    A. 北方这几年,即使下雪,也不会太大。
    B. 没顾上吃药,这感冒竟好了。
    C. 出去散散心也好,只是别走远了。
    D. 既然有了结论,何必还讨论呢?

13. 下列被动句中,使用恰当的一句是:
    A. 小张昨天让石头把脚砸了。 B. 事情让传出去了。
    C. 这一意见被他赞成。   D. 一本书被同学借走了。

14. 下列各项中,表达不准确的是:
    A. 本届球赛中甲队主攻手染指单项奖牌。
    B. 学习任务再重,也要坚持体育锻炼。
    C. 近两年来他们的能力有了很大的提高。
    D. 走出校门进行社会实践是将知识转化为技能的一门重要课程。

15. 对下面句子所使用的修辞手法,判断正确的一项是:
    (1) 苇子还是那么狠狠地往上钻,目标好像就是天上。
    (2) 荡胸生层云,决眦入归鸟。
    (3) 予谓菊,花之隐逸者也;牡丹,花之富贵者也;莲,花之君子者也。

A. （1）比喻　（2）对比　（3）排比

B. （1）比拟　（2）对偶　（3）排比

C. （1）比拟　（2）夸张　（3）比拟

D. （1）比喻　（2）夸张　（3）排比

16. 能与"四面云山来眼底"构成对偶的一项是：

　　A. 千树万树梨花开　　　　B. 万紫千红总是春

　　C. 万家忧乐在心头　　　　D. 千锤万凿出深山

17. "法院警车接孩儿忙？还有多少公车在'私奔'？"这个句子使用的修辞手法是：

　　A. 改变词语的搭配关系　　B. 改变词语原有的意义

　　C. 改变词语原有的词性　　D. 改变词语的感情色彩

18. "大蒜价格上涨40倍，防甲流人算不如'添蒜'？"这个句子使用的修辞手法是：

　　A. 拈连　　B. 双关　　C. 比喻　　D. 借代

19. "看着我们周围。每一棵树、每一叶草、每一朵花，都不化妆，面对骄阳、面对暴雨、面对风雪，它们都本色而自然。它们会衰老和凋零，但衰老和凋零也是一种真实，作为万物灵长的人类，为何要将自己隐藏在脂粉和油彩的后面？"这一段话使用的修辞手法有：

　　A. 排比和比拟　　　　　　B. 排比和比喻

　　C. 比喻和反问　　　　　　D. 比拟和比喻

20. "遥远的夜空有一个弯弯的月亮，弯弯的月亮下面是那弯弯的小桥，小桥的旁边有一条弯弯的小船，弯弯的小船悠悠是那童年的阿娇。"这个句子使用的修辞手法是：

　　A. 比喻　　B. 拈连　　C. 顶真　　D. 对偶

二、多项选择题（10分）

1. "麻烦"是一个兼类词，它可以是：

　　A. 名词　B. 动词　C. 副词　D. 形容词　E. 区别词

2. 下列疑问句中属于特指问的是：

　　A. 小张还来不来呢？

　　B. 小张哪儿都不去？

C. 这个班有几个同学姓张?
D. 你十五岁了,那么小张呢?
E. 小张呢?

3. 下列各组中,画线的两项互换位置后不会引起意义变化的是:
   A. <u>小明</u>跟<u>小红</u>是小学生。
   B. <u>小张</u>跟着<u>小李</u>走了很长一段路。
   C. <u>他</u>跟<u>我</u>都在军队里呆过。
   D. <u>老师</u>跟<u>我们</u>同吃同住。
   E. <u>客人</u>跟<u>老板</u>又要了一双筷子。

4. 下面各句中,通过改变词语的惯常搭配关系来达到修辞效果的是:
   A. 钟声胡同为何传来神秘钟声?
   B. 爱上你,是一个不可挽回的错误,甜蜜的错误。
   C. 有律师甚至在庭上慷慨陈词,大呼"打黑不是黑打!"
   D. 然而,悲惨的皱纹,却也从他的眉头和嘴角出现了。
   E. 可以选择放弃,但不能放弃选择。

5. "没有风,海自己醒了,喘着气,转侧着,打着呵欠,伸着懒腰,抹着眼睛。因为岛屿挡住了它的转动,它狠狠地用脚踢着,用手推着,用牙咬着。它一刻比一刻兴奋,一刻比一刻用劲。岩石也仿佛渐渐战栗,发出抵抗的嗥叫,击碎了海的鳞甲,片片飞散。"这段文字使用的修辞手法有:
   A. 比拟   B. 通感   C. 拈连   D. 排比   E. 比喻

三、填空题(8分)

1. 根据能否充当句法成分,可以把词分为_____和_____两大类。
2. "是他在北京打工。"这个句子强调的成分是_____。
3. "给他一本书"这个双宾语句中,近宾语是_____,远宾语是_____。
4. "彪悍"的词性是_____。
5. 押韵是汉语诗歌的一个基本要求,由于押韵的位置大都在句末,因此押韵的音节叫_____。

6. "他的钱包在公共汽车上被偷走了,下车后想买瓶水都没办法。"这个句子中,运用了_____的句式来突出动作的承受者,这种句式大多表示不如意的事情。

四、分析题(38分)

1. 指出下列句子中主语所属的语义类型。(6分)
   (1) 校长宣布开会。　　　　　(　　　)
   (2) 这只鸡被人打断一只脚。(　　　)
   (3) 马兴伦是我的老上级。　(　　　)
   (4) 说说容易,做起来就难。(　　　)

2. 指出下列疑问句所属的类型。(6分)
   (1) 元芳,你怎么看?　　　　　(　　　)
   (2) 你吃不吃比萨?　　　　　　(　　　)
   (3) 明天星期一了吗?　　　　　(　　　)
   (4) 你去北京,还是他去北京?(　　　)

3. 分别用层次分析法和核心分析法分析下列句子。(18分)
   (1) 妈妈把这个小姑娘打扮得漂漂亮亮。
   (2) 叫他跟我们一起打网球。
   (3) 吴老师很耐心地跟这位男同学谈了三个小时。

4. 用画线加注法分析下列多重复句。(8分)
   (1) 这个学校,虽然并不很有名气,甚至连像样的礼堂也没有,开大会只能到操场去,但却有许多家长经常来找校长,想把孩子送来读书。
   (2) 我们的确已经取得了很大成绩,但是如果因为有了这些成绩,就骄傲起来,并且认为可以歇一歇脚,那就不妥当了。

5. 指出下列句子中所使用的修辞格。(6分)
   (1) 在天愿做比翼鸟,在地愿为连理枝。
   (2) 一个和尚挑水喝,两个和尚抬水喝,三个和尚没水喝。
   (3) 哗哗哗,浪花跑去又跑来,像一群淘气的娃娃。

五、简答题(每题 6 分,共 18 分)

1. 用适当的文字表述下列多义短语的不同意义,并说明造成这种多义的原因是什么。

   (1)进口汽车零件　　　(2)海外投资政策

2. 从词语修辞的角度分析这个句子:"这种房子,外浅内深,前高后矮,冬暖夏凉。"

3. 下面这段文字最可能出现在哪种语体中,它主要使用了什么句型?

   　　改造和提高传统产业,发展新兴产业和高技术产业,推进国民经济信息化。继续加强基础设施和基础工业,加大调整、改造加工工业的力度,振兴支柱产业,积极培育新的经济增长点。把开发新技术、新产品、新产业同开拓市场结合起来,把发展技术密集型产业和劳动密集型产业结合起来。鼓励和引导第三产业加快发展。

第四套

一、单项选择题（共 15 分）

1. 下列语法单位中，属于动态单位的是：
   A. 语素　　B. 词　　C. 短语　　D. 句子
2. 下列各句中的"会"属于能愿动词的是：
   A. 我会六种语言。　　B. 我会给他打电话的。
   C. 我有个会赶着要参加。　　D. 你会了吗？
3. 跟"即将"词性相同的是：
   A. 过去　　B. 现在　　C. 正在　　D. 将来
4. 下列各组中，结构相同的一组是：
   A. 同意他去　派老王去　　B. 要他发言　督促孩子学习
   C. 希望他来　叫小张去　　D. 被他骗了　请同事帮忙
5. 从结构上分析，"喝得醉醺醺地走过来"是：
   A. 偏正短语　B. 中补短语　C. 动宾短语　D. 连谓短语
6. 下列各组中属于动宾短语的是：
   A. 吃得很少　B. 觉得很饱　C. 玩得很累　D. 做得很好
7. "两个学校的老师"有歧义，产生歧义的原因是：
   A. 词义不明确　　B. 指代不明
   C. 语义关系不同　　D. 句法结构关系不明
8. 下列句子中没用插入语的是：
   A. 他看样子是不会来了。　　B. 我想他肯定会来参加会议的。
   C. 这辆车几乎是全新的。　　D. 张老师说不定已经来了。
9. "您可要保重啊！"这句话的语气是：
   A. 陈述语气　B. 祈使语气　C. 疑问语气　D. 感叹语气
10. 下列各项中，分句之间的关系属于转折关系的是：
    A. 不论成功与否，都可以试试。
    B. 他藏在一个你看不见他，他却看得见你的地方。
    C. 尽管你说了那么多，他还是听不进去。
    D. 即使是见多识广的人，也未必碰到过这种事。

11. "闷得慌"中的"慌"是：
    A. 程度补语 B. 可能补语 C. 趋向补语 D. 结果补语
12. 下列句子中，不是主谓谓语句的是：
    A. 中大风景很美。
    B. 中大我昨天去过。
    C. 中大，地处华南的著名学府。
    D. 中大我很向往。
13. "说曹操，曹操到。"这个句子使用的修辞手法是：
    A. 拈连   B. 双关   C. 比喻   D. 借代
14. "烟花三月是折不断的柳，梦里江南是喝不完的酒"这个句子使用的修辞手法是：
    A. 夸张和借代   B. 比喻和拈连
    C. 比喻和夸张   D. 比拟和夸张
15. 下列句子中，正确的是：
    A. 汉字横排的种种好处，对于每一个同文字打交道的人，都是深有体会的。
    B. 要把人类的各种潜能尽可能地开展出来。
    C. 经过工艺改革，收到了事倍功半的效果。
    D. 美德好比宝石，它在朴素背景的衬托下反而更加美丽。

二、多项选择题（共10分）

1. 下列各项中，都属于区别词的是：
    A. 国营 民用   B. 作用 勇气   C. 大型 低级
    D. 正 副   E. 陆续 相继
2. 下列各组动词中，都可以带谓词性宾语的是：
    A. 进行、受到、喜欢   B. 赞成、知道、给以
    C. 讨论、觉得、同意   D. 成为、修理、准备
    E. 打击、感到、严加
3. 下列各项中，属于同位词组的有：
    A. 长江黄河   B. 姐妹俩   C. 张明先生
    D. 石头拱桥   E. 首都北京

4. 下列句子使用了比拟修辞格的是：
   A. 坚持和完善"米袋子"省长负责制、"菜篮子"市长负责制。
   B. 方鸿渐从此死心不敢妄想，开始读叔本华……
   C. 球稳稳地进了，对方队员只能望"球"兴叹！
   D. 看吧，狂风紧紧抱起一层层巨浪，恶狠狠地将它们甩到悬崖上，把这些大块的翡翠摔成尘雾和碎末。
   E. 未满10年已大病　江南大桥缘何"早衰"？
5. 下列句子含有比喻的有：
   A. 街上仿佛没有人，道路好像加宽了许多，空旷而没有一点人气，白花花的令人害怕。
   B. 大地是母亲，人民用辛勤的汗水浇灌着她。
   C. 问君能有几多愁？恰似一江春水向东流。
   D. 生活不是一架准确的天平。
   E. 如果大海能够唤回曾经的爱，就让我用一生等待。

三、判断正误，并说明原因（每题3分，共15分）

(1) 代词几乎能代替所有的实词和短语。
(2) "新娘"和"新书"属于不同的语法单位。
(3) "他就这样看看看，一直看到天亮。"句中的"看看看"是动词的重叠形式。
(4) "我不是知道得太多，而是了解得太少。"是表示递进关系的复句。
(5) "所谓带电体的电荷，系指它所带的正负电荷之差。对于一个含有过多正电荷的物体，我们说它带正电；对于一个含有过多负电荷的物体，我们说它带负电。"这段文字属于科技语体。

四、分析题(32分)

1. 指出下列各组加点词的词性。（8分）
   (1) 他在哪里？（　　　）
       他在宿舍里休息。（　　　）
   (2) 他们没有克服不了的困难。（　　　）
       他们没有克服那些困难。（　　　）

(3) 在不远的将来，我的家乡会发生翻天覆地的变化。（　　　）
    我的家乡将发生翻天覆地的变化。（　　　）
(4) 你真的太勇敢了。（　　　）
    大家都非常佩服你的勇气。（　　　）

2. 指出下列短语的结构类型。（10分）
   (1) 今天星期一　　（　　　）
   (2) 三个举手的　　（　　　）
   (3) 天下名胜峨眉山（　　　）
   (4) 宛如灿烂的云霞（　　　）
   (5) 上山采药　　　（　　　）

3. 用层次分析法分析下列短语。（10分）
   (1) 一位为祖国的科学事业做出了重要贡献的青年科学家（4分）
   (2) 兴奋得一晚上睡不着（3分）
   (3) 唱粤剧老生华哥最在行（3分）

4. 指出下面句子所使用的修辞格。（4分）
   (1) 一间阴暗的小屋子里，上面坐着两位老爷，一东一西，东边的一个是马褂，西边的一个是西装。（　　　）
   (2) 有理走遍天下，无理寸步难行。（　　　）
   (3) 好货不便宜，便宜没好货。（　　　）
   (4) 别的人是一表人才，我们的菊霞小姐是两表人才，能文能武。（　　　）

五、改错题(16分)

1. 改正下列病句。（10分）
   (1) 他已经是经理了，但从不大手大脚，常想着为公司节俭一些开支。
   (2) 地震的时候，他正出差在外，所以幸免没有遇难。
   (3) 迅速提高学生的写作水平，这是一个语文教师普遍关心的问题。
   (4) 在航展会上出展的这架飞机十分精巧，操作起来也十分敏感。
   (5) 这家电器商场今日展销世界各种品牌、价位的电器一应俱全。

2. 指出下面句子里修辞不当的地方,并且说明原因。(6分)

   (1) 中国的万里长城是举世闻名的,渴望游览长城的外国游客趋之若鹜。

   (2) 父母对他的爱简直像一场倾盆大雨,他要星星就不敢给他月亮。

   (3) 小王来找我的时候,我业已吃完早饭,正想出去呢。

六、简答题(每题6分,共12分)

1. 中补短语"写得好"的补语可以是情态补语也可以是可能补语,如何区分二者?

2. 将下列句子稍作调整,使其更为匀整。

   (1) 这道巨流,在沟道笔直的地方,好像火车奔驰;在沟道弯曲的地方,又宛如巨龙在游动着。

   (2) 她笑得多么响亮和爽朗,多清脆,多甜蜜。

   (3) 海风为人们唱着英雄歌,海浪为人们欢笑。

《现代汉语》综合模拟题

第一套

一、单项选择题(每题 1 分,共 16 分)

1. 联合国规定的六种工作语言是:
   A. 汉语、日语、法语、英语、阿拉伯语、葡萄牙语
   B. 俄语、英语、德语、法语、意大利语、西班牙语
   C. 汉语、俄语、法语、英语、西班牙语、阿拉伯语
   D. 英语、日语、德语、法语、葡萄牙语、意大利语

2. 普通话音节"chuāng"的音素有:
   A. 6个   B. 5个   C. 4个   D. 3个

3. 普通话的 10 个单元音韵母:
   A. 都由一个拼音字母标示
   B. 都能与辅音声母拼合
   C. 都可以独立成为一个音节
   D. 可以分为舌面元音、舌尖元音和卷舌元音三类

4. 普通话的音节结构中不可少的是:
   A. 声母和韵头   B. 声调和韵尾
   C. 声调和韵腹   D. 声母和韵尾

5. 最后一个音节不念儿化的是:
   A. 花儿   B. 健儿   C. 鱼儿   D. 锅儿

6. 下列各组字中,都是形声字的是:
   A. 江阁休   B. 功基莫   C. 哀街花   D. 溢松析

7. 下列各组中,都是成词语素的是:
   A. 白蚯地   B. 马呢民   C. 第伟吃   D. 美读不

8. 下列各组中,都是单纯词的是:
   A. 尴尬 可以　　　　　B. 葡萄 木头
   C. 坎坷 芙蓉　　　　　D. 马虎 电脑

9. 每个词都跟"银两"结构方式相同的一组是:
   A. 花瓣 花儿　　　　　B. 玉器 车辆
   C. 鹰犬 玉帛　　　　　D. 花朵 枪支

10. "树林里走出一个人来。"这个句子是:
    A. 连谓句　B. 存现句　C. 双宾句　D. 主谓谓语句

11. "突然"和"忽然"的词性:
    A. 都是形容词　　　　　B. 都是副词
    C. 前是形容词,后是副词　D. 前是副词,后是形容词

12. 下列各项中,属于同位短语的是:
    A. 什么办法　　　　　B. 我们大家
    C. 这件事情　　　　　D. 自家兄弟

13. 下列句子中属于兼语句的是:
    A. 他救这个孩子差一点摔下沟去。
    B. 商店里有很多小商品出售。
    C. 他经常骑自行车逛街。
    D. 树上有只黄雀在唱歌。

14. 下列句子中,属于复句的是:
    A. 只有小李去请,他才会来。
    B. 只有我自己的儿子,我才信得过。
    C. 哎呀,小金怎么会因为我而去冒风险呢?
    D. 无论谁,也没有想到事情会办得这么快。

15. "可是在中国,那时是确无写处的,禁锢得比罐头还严密。"句中运用了修辞格:
    A. 对比　　B. 映衬　　C. 比喻　　D. 双关

16. 下列四个句子中,用词最得体的一句是:
    A. 对于今后是升学还是从商,两个人协商了半天,还是拿不定主意。
    B. 对于今后是升学还是从商,两个人商榷了半天,还是拿不定

主意。

C. 对于今后是升学还是从商,两个人研讨了半天,还是拿不定主意。

D. 对于今后是升学还是从商,两个人商量了半天,还是拿不定主意。

二、多项选择题(每题 2 分,共 14 分)

1. 下列关于国际音标的说法,正确的是:
   A. 国际音标的特点是精确、通用和开放。
   B. 国际音标的制定原则是"一音一符"。
   C. 国际音标在 1888 年公布,之后多次修订。
   D. 国际音标的简称是 IPA,即 International Phonetic Association。
   E. 国际音标中的舌尖元音音标是由我国语言学家增加进去的。

2. 下列各项中,句调不能是升调的是:
   A. 这是谁的?   B. 他谁也不认识。
   C. 谁也别动!   D. 谁是这里的负责人?
   E. 我们都去,你呢?

3. 下列汉字的笔顺可以用"从左到右"规则解释的是:
   A. 川   B. 几   C. 又   D. 互   E. 十

4. 下列各组同义词,有色彩差异的是:
   A. 轻盈—轻快   B. 逃避—躲避
   C. 母亲—妈妈   D. 掂量—考虑
   E. 誊写—抄写

5. 以下加点的部分属于独立语的有:
   A. 总而言之,这种做法不可取。
   B. 妈妈,您怎么了?
   C. 唉,这事赖我。
   D. 就在这个时候,扑通,猴子掉进水里了。
   E. 气死我了,你!

6. 下列各项中,属于多义短语的是:
   A. 建筑材料   B. 出租汽车

C. 走下去　　　　　　D. 他刚做了个手术

E. 姐姐骑的自行车

7. "你默默地吐着丝,吐着温暖,吐着爱。"句中运用了修辞格:

A. 比喻　B. 夸张　C. 借代　D. 拈连　E. 排比

三、判断正误(每题1分,共10分)

1. 报社的社论是典型的书面语,社论即使通过广播由口头表达出来,也仍然是书面语。(　　)
2. 普通话中辅音"ng"只能做韵尾,不能做声母。(　　)
3. "军 jūn"和"吨 dūn"的韵母相同。(　　)
4. 普通话有阴平、阳平、上声、去声、轻声五种调类。(　　)
5. 汉字是记录语素的,而汉语的语素是以单音节为主的,一个汉字一般情况下读出来就是一个音节,所以汉字可以看做是音节文字。(　　)
6. 汉字形声字占大多数,但是形声字意符和音符的作用有局限性。(　　)
7. 单纯词都是由一个汉字记录的。(　　)
8. 一个词可能会有好几个反义词。(　　)
9. 在现代汉语中,名词是不能充当谓语的。(　　)
10. 明喻经常用"好像、如同"一类的喻词,下面这个句子"今天下午好像下过一会儿雨"中也有"好像",所以用了比喻这种修辞方式。(　　)

四、简答题(每题3分,共15分)

1. 普通话的停顿有哪些类型?综合运用不同停顿的一般依据什么原则?
2. 汉字排序的笔画法是怎样的?
3. 现代汉语新词的产生主要有哪几种方式?请举例说明。
4. 下列句子中加点的部分各充当了什么句法成分?它们在语义上指向哪些成分?

(1) 今天哥儿几个总算喝了个痛快酒。

(2) 客人一来,她就酽酽地沏上一杯茶端上来。

(3) 老王酒量很大,一下子喝倒了好几个人。

5. 下列句子的意义基本相同,适应场合有什么差别?

(1) 快来吃吧! (2) 一起吃个便饭吧。

(3) 请用餐。 (4) 请入席。

五、分析题(共 30 分)

1. 指出下列加点汉字的本调和变调。(4 分)

   (1) 一去不复返

   　　一:本调_____,变调_____

   　　不:本调_____,变调_____

   (2) 脑子不好使

   　　脑:本调_____,变调_____

   　　好:本调_____,变调_____

2. 按规范笔顺写出下列汉字。(4 分)

   (1) 九_____ (2) 义_____

   (3) 万_____ (4) 火_____

3. 指出下列词的构造方式。(6 分)

词	构造方式	词	构造方式
司令		日出	
汽车		老师	
叔叔		蝈蝈	

4. 用层次分析法分析下列短语,有歧义的要作两种分析。(单义每题 2 分,歧义每题 4 分,共 8 分)

   (1) 那个特别红的让他拿走

   (2) 他们班每个都是好样的

   (3) 广东和广西的部分地区

5. 用画线加注法分析下列多重复句。(每题 2 分,共 4 分)

   (1) 如果我们既放下包袱,又开动了机器,既是轻装,又会思索,那我们就会胜利。

(2) 虽然葛朗台热烈盼望太太病好,因为她一死就得办遗产登记,虽然他对母女俩百依百顺一心讨好的态度使她们吃惊,虽然欧也妮竭尽孝心地侍奉,葛朗台太太还是很快地往死路上走。

6. 判断修辞格。(每题2分,共4分)

(1) 山坡上卧着些小村庄,小村庄的屋顶上卧着点雪,对,这是张水墨画,也许是唐代的名手画吧。

(2) 这时天已大亮,家人和街坊都已起床。于是她尽情地刷牙漱口,她发出的声音非常之响,好像一列火车开进了她们的院子。而她洗脸的声音好像哪吒闹海。

六、论述题(每题5分,共15分)

1. "樟、桥、杯"的形旁都是"木",请以这几个字为例,说明形旁的作用和局限。
2. 什么是反义词?分别在名词、动词、形容词中各举两例,并说明反义词的作用?
3. 什么是公文语体?公文语体的语言运用特点表现在哪些方面?

第二套

一、单项选择题(20 分)

1. 下列关于普通话的论述不正确的是:
   A. 新时期推广普通话的方针是:大力推行,积极普及,逐步提高。
   B. 以北京语音为标准音,是指以北京人的发音为标准,包括北京话语音中的所有成分。
   C. 普通话的词汇以北方方言中的词汇为基础。
   D. 典范的现代白话文著作是普通话的语法规范,是指那些具有广泛代表性和影响力的现代白话文作品中的一般用例。

2. 制定拼音方案的先决条件是要明确:
   A. 该语言或方言的音位系统。
   B. 字母的发音习惯。
   C. 一个字母最多可以表示的读音数目。
   D. 拼音的书写习惯。

3. 下列各项中,两个都是塞擦音的是:
   A. b j   B. z q   C. h r   D. p m

4. 下列成语中,声调标注不正确的是:
   A. 激情昂扬(阳平、阳平、阳平、阳平)
   B. 洋洋得意(阳平、阳平、阳平、去声)
   C. 语重心长(上声、去声、阴平、阳平)
   D. 光明磊落(阴平、阳平、上声、去声)

5. 下列各项中,两个韵母都是合口呼的是:
   A. 衰竭   B. 黄昏   C. 木头   D. 规矩

6. "一张、一坛、一把"中的"一"在语流中应该念:
   A. 55 调   B. 35 调   C. 214 调   D. 51 调

7. "解"字可以切分出来的末级部件数是:
   A. 2 个   B. 3 个   C. 4 个   D. 5 个

8. 下面不属于汉字排序形序法的是：
   A. 按部首排序　　　　　　B. 按笔画数排序
   C. 按笔形排序　　　　　　D. 按拼音排序
9. "苹果"这个词可以指称大小、色泽、味道各不相同的任何一个苹果，是因为词义具有：
   A. 概括性　　B. 民族性　　C. 模糊性　　D. 客观性
10. "灿烂的阳光"包含的语素和词分别是：
    A. 4个语素、3个词　　　　B. 4个语素、4个词
    C. 5个语素、3个词　　　　D. 5个语素、4个词
11. 下列各组中，两个词属于反义关系的是：
    A. 表扬　攻击　　　　　　B. 拒绝　谢绝
    C. 奉承　吹捧　　　　　　D. 光荣　耻辱
12. 下列各组中，加点的词属于多义词的是：
    A. 头发剃光了　光说不做　　B. 天高云淡　味道淡
    C. 管好自己　管线堵塞　　　D. 扛米　五米开外
13. 下列成语中，来自民间俗语的是：
    A. 守株待兔　　　　　　　B. 己所不欲，勿施于人
    C. 说三道四　　　　　　　D. 图穷匕见
14. 下列各组中，两个词词类相同的是：
    A. 由于　沿着　　　　　　B. 虽然　忽然
    C. 从　最　　　　　　　　D. 伟人　伟大
15. 下列各项中，动词后的数量短语是做宾语的是：
    A. 买了三本　　　　　　　B. 去了三次
    C. 看了三天　　　　　　　D. 踢了三脚
16. "空气中弥漫着一种奇异的花香。"是：
    A. 兼语句　　　　　　　　B. 存现句
    C. 连谓句　　　　　　　　D. 名词谓语句
17. "刘小慧的漂亮在历史系是出了名的"中的"刘小慧的漂亮"是：
    A. 主谓短语　　　　　　　B. 动词性短语
    C. 名词性短语　　　　　　D. 形容词性短语

18. "面对考官的刁难,她喋喋不休地自信地表达了自己的观点,最终通过了面试。"将这句话中的"喋喋不休"改为"不卑不亢"是考虑到:
   A. 感情色彩的配合　　　　B. 句法成分的配合
   C. 语体色彩的协调　　　　D. 形象色彩的配合

19. "柔嘉虽然比不上法国剧人贝恩哈脱,腰身纤细得一粒奎宁丸吞到肚子里就像怀孕,但瘦削是不能否认的。"这个句子使用的修辞手法是:
   A. 比拟　　B. 反语　　C. 夸张　　D. 比喻

20. 文艺语体可归纳为以下哪三类:
   A. 诗歌体、散文体、曲艺体　　B. 骈文体、散文体、韵文体
   C. 诗歌体、戏剧体、散文体　　D. 散文体、韵文体、戏剧体

二、多项选择题(10分)

1. 轻声的作用有:
   A. 区别词性　　B. 区别词义　　C. 改变语素组合的性质
   D. 表示小的意味　　E. 调节韵律,增加节奏美感

2. 下列汉字用象形法造出来的是:
   A. 犬　　B. 狗　　C. 牧　　D. 马　　E. 州

3. 下列词语的意义变化途径属于词义转移的是:
   A. 下流　　B. 丈夫　　C. 爪牙　　D. 包装　　E. 聪明

4. 下列各项中,是单句的有:
   A. 看样子,光这些衣服就得洗上一上午。
   B. 只要会,就不难。
   C. 明天早点来,免得误了车。
   D. 不管怎么说,事实总归是事实。
   E. 这个好机会,我们当然要积极争取。

5. 下列各段文字中,最可能出现在文艺语体中的是:
   A. 法庭上,他对巨额财产来源不明一罪予以否认。他称账户中有730多万元是转业前倒米倒煤、经营宾馆的合法收入。
   B. 两个神奇的字:祖国!这么美丽的两个字,就是这两个字在激励我的心灵。现在我正是身在国外,因此我对她的感受更深,就是

这两个光辉的字,庄严的字,贴心的字,最可贵、最可爱的字呵,祖国,我的祖国!

C. 自由市场。百货公司。香港石英电子表。豫剧片《卷席筒》。羊肉泡馍。醪糟蛋花。三接头皮鞋。三片瓦帽子。……

D. 昨日,天河区燕岭路上,一位八旬老人在买早餐时突发高血压晕倒,幸亏档口老板和两名路人及时送院救治。目前,老伯病情已基本稳定,静养一段时间便可出院。

E. 为满足长住客人所需,酒店提供了由一房到四房、面积从111到275平方米不等的豪华公寓,客厅、卧室、厨房、浴室、衣帽间一应俱全,每间公寓都像是一个有着顶级装修的家。

三、名词解释(每题2分,共10分)

1. 音节
2. 义项
3. 甲骨文
4. 句子
5. 辞格

四、填表题(35分)

1. 音节结构分析。(5分)

	声母	韵头	韵腹	韵尾	调类
作					
风					
群					
假					
挥					

2. 把下列词按照构词方式填入表中。(10分)

螳螂　聪明　证明　高潮　坦克
老兄　猩猩　眼红　哥哥　动员

单纯词			复合式					重叠式	附加式
联绵词	叠音词	译音词	动宾型	补充型	主谓型	联合型	偏正型		

3. 把下列词按照词类填入表中。(10分)

什么　最近　所　花式　马上
重点　重视　突然　罢了　彻底

名词	动词	形容词	区别词	副词	代词	助词	语气词

4. 把下列短语按照结构类型填入表中。(10分)

从海外归来　做饭很累　高兴极了　有人请喝茶　让人家上当
打算去旅游　值得庆幸　花开了　锻炼一年　黄色预警

动宾短语	偏正短语	中补短语	主谓短语	兼语短语

五、改错分析题(每题2分,共8分)

1. "恼怒"拼写成"lǎonù","当然"拼写成"dānrán"。
2. 沈先生的名片上写自己姓"瀋",范先生的名片上写自己姓"範"。
3. 他是个拘泥的人,不喜欢随便与人交谈。
4. 这个网站上都是些趣味粗俗的小说和视频。

六、简答题(每题3分,共6分)

1. 辨析同义词:处理—处置。
2. 请指出下列句子所属的句式,并简述各句式的特点。

　　A. 这种简单的游戏程序,他在中学时就编过不少。

　　B. 女主人坐在水池前拣菜。

　　C. 远处传来了枪声。

　　D. 他把剩下的粮食都运走了。

七、论述题(共 11 分)

1. "我知道他明天开会。"和"我通知他明天开会。"两句的结构有何不同?谈谈二者的区别。(6 分)
2. 举例说明比喻和比拟的区别。(5 分)

《现代汉语》(上册)模拟题答案

第一套

一、单项选择题(每题1分,共25分)
1. C 2. B 3. B 4. B 5. B 6. D 7. A
8. D 9. C 10. D 11. A 12. C 13. A 14. B
15. A 16. A 17. C 18. B 19. C 20. D 21. B
22. D 23. C 24. B 25. C

二、多项选择题(每题2分,共10分)
1. BCD 2. BE 3. ABD 4. ABC 5. CD

三、简答题(每题5分,共15分)

1. 答:j行声母(舌面前音声母)能跟撮口呼韵母相拼,不能跟合口呼韵母相拼。当ü行韵母跟j行声母相拼,上面两点省略时虽然看起来像是u,但由于j行不能跟合口呼韵母相拼,其实并不会产生混淆,所以汉语拼音方案规定ü行韵母跟j行声母相拼时,上面的两点省略。

   n、l既能跟撮口呼韵母相拼,又能跟合口呼韵母相拼。当它们跟ü行韵母相拼时,如果上面两点省略,就会跟u行韵母混淆,因此不能省略上面两点。

2. 答:笔画的组合有相离(如"二、心")、相接(如"人、山")、相交(如"十、韦")三种方式,但多数汉字是由两种或三种方式构成的,如"炜、街"。

3. 答:反义词是指两个意义相对或相反的词。一个多义词可以在不同义项上拥有不同的反义词。"正"在"正面"这个义项上可以和"反"构成反义词,在"垂直或符合标准方向"这个义项上则与"歪"构成反义词,在"位置居中"这个意义上跟"偏"构成反义词。不能简单地认为一个词的反义词只有一个。

四、分析题(共36分)

1.

汉字	声母	韵头	韵腹	韵尾	调值
决	j	ü	ê		35
命	m		i	ng	51
耳	∅		er		214

2. (1) 呀(ya)！ (2) 哇(wa)！ (3) 哪(na)！
   (4) 啊(ra)！ (5) 啊(nga)！

3. Zài Kānghé de róubō lǐ,
   Wǒ gānxīn zuò yī tiáo shuǐcǎo。 (Xú Zhìmó)

4. 见(会意) 坡(形声) 恭(形声) 刃(指事) 果(象形)

5. 咖喱 音译　　　　　　休克 音译兼意译
   绷带 音译兼意译　　　剑桥 半音译半意译
   卡片 音译加汉语语素

6. (1) 辨析:"把柄"和"凭据"都是名词,都指可以用做证据的实物或事实。"把柄"主要指用来要挟或攻击别人的消极凭证;"凭据"可以是消极的也可以是积极的,词义范围较广。"把柄"可以是实物,也可以是抽象的过错;"凭据"一般是具体的实物。"把柄"是贬义词,"凭据"是中性词。"把柄"多用于口语,"凭据"多用于书面语。

   (2) 辨析:"雕刻"和"雕琢"都可以做动词,含有在物品上刻画的意思。"雕刻"的搭配对象范围较广,可以指石头、木材等多种材料;"雕琢"的搭配对象范围较小,一般限于指玉石。"雕琢"还可以用于修饰抽象的文字。"雕刻"还可以做名词,指雕刻而成的工艺品,"雕琢"没有名词的意义和用法。

五、论述题(每题7分,共14分)

1. 答:儿化的作用有:
   (1) 区别词义,如"眼"和"眼儿";
   (2) 区别词性,如"画"和"画儿";
   (3) 表示喜爱、亲切的感情色彩,如"马"、"马儿"和"小马儿"。

2. 答:(1)容易混淆的原因:同音同形词是用同一语音形式表示多个意义,这一点与多义词有共同之处。有的同音词本来就是从多义词分化出来的,因为现在已经不容易看出不同意义之间的联系,于是分化为同音词。

(2)区别的一般原则:现在的几个意义之间有联系的是多义词,没有联系的是同音词。如:老(人)表示年高,老(问题)又表示陈旧、过时,这是一个多义词的不同义项。老(下雨)表示一直的意思,这与上面两个意义没有联系,是一组同音同形词。

第二套

一、单项选择题(每题1分,共25分)

1. C 2. A 3. B 4. A 5. D 6. C 7. A
8. A 9. C 10. A 11. D 12. D 13. A 14. B
15. D 16. C 17. A 18. B 19. C 20. C 21. C
22. A 23. C 24. A 25. C

二、多项选择题(每题2分,共10分)

1. BC 2. BCE 3. ABD 4. ACD 5. ABDE

三、简答题(每题5分,共15分)

1. 答:辅音和声母、元音和韵母不是一一对应的关系。声母以辅音为主,但是也有非辅音的零声母,而且辅音还可以出现在韵母中;韵母里除了元音外,还可以看到辅音。总的来说,声母韵母和辅音元音是两种不同的语音术语。它们的差别主要体现在三个方面:

(1)来源不同。元音、辅音来自西方语音学,声母、韵母来自我国传统的声韵学。

(2)对象不同。元音、辅音适合所有语言的语音分析,声母、韵母专门用来分析汉语。

(3)位置不同。元音、辅音没有位置的限制,声母限定在音节前头,韵母限定在声母后头。

2. 答:从造字法的角度看,"恭"是个从"心""共"声的形声字,"步"是由一前一后两个"止"构成的会意字。如果把"恭"字下部写成"水",把"步"字下部写成"少",都会使这个字变得不可理解。

3. 答:重叠式合成词是合成词的一种类型,由相同的词根重叠构成,两个词根是两个语素。比如"谢谢、妈妈"就是重叠式合成词。叠音词是单纯词的一种类型,是由同一音节重叠而成的词,重叠后的音节是一个语素。比如"蛐蛐、猩猩"就是叠音词。

四、分析题(共36分)

1. 权(撮口呼)　吃(开口呼)　对(合口呼)
   表(齐齿呼)　熊(撮口呼)　孔(合口呼)

2. 琉璃:单纯词　联绵词　　　变化:合成词　联合型
   美化:合成词　附加式　　　贴士:单纯词　音译词
   信封:合成词　偏正型　　　看透:合成词　补充型

3. (1)骑　(2)自行车　(3)他

4. (1)①三日∧内蒙古会有一股强大的冷空气经过。
      ②三日内∧蒙古会有一股强大的冷空气经过。
   (2)①他说他想∧起来了。
      ②他说他∧想起来了。
   (不同意义略)

5. (1)上下——上中下　(2)包围——右上包围
   (3)包围——上包围　(4)左右

6. 方言词:尴尬
   新　词:亚健康、软实力
   古语词:惆怅、谢忱
   外来词:克隆、幽默、沙龙

7. (1)为了爱情,她抛弃了继承巨额遗产的权利。　　(放弃)
   (2)这部反映新时代都市生活的话剧马上就要揭幕了。(开幕)
   (3)贫寒的出身,让他比常人多了一段坎坷的阅历。　(经历)
   (4)路上很静,偶然才有一辆汽车驶过。　　　　　　(偶尔)
   (5)孩子才半岁,就能判别出自己的妈妈。　　　　　(辨别)

五、论述题(每题7分,共14分)

1. 答:部件是由笔画组成的构字单位,如"件"中的"亻、牛","部"中的"立、口、阝"。

部件与偏旁不同。偏旁是传统文字学的概念,它是从造字法的角度对合体字进行分析所得到的结构单位。偏旁可以分成形旁(或意符)和声旁(或音符)两类。形声字基本上是由一个形旁和一个声旁组成,如"妈""放"的形旁分别是"女""攵",声旁分别是"马""方"。而构成会意字的偏旁都是形旁,如"休""磊"中的"亻、木、石"。

部件和偏旁是从不同角度分析汉字的结果,有时候偏旁与部件并不对应,如"湖"的形旁是"氵",声旁是"胡",由两个偏旁组成;但从部件的角度看,则可以分析出"氵、十、口、月"四个部件,这里的"十、口、月"并不是"湖"字的偏旁。可见,偏旁和部件虽然有时重合,但不能混

《现代汉语》(上册)模拟题答案   57

为一谈。

2. 答：现代汉语词汇规范化工作主要从两个方面进行：

一是维护词语的既有规范，避免生造词语或用错已有的词语。

二是对普通话中古语词、方言词、外来词等的吸收和使用进行规范。

规范时应该考虑必要性(该词在普通话词汇中是必不可少的)、明确性(该词的意义是明确的)和普遍性(该词在社会中是普遍使用的)。

第三套

一、单项选择题(16 分)

　　1. B　　2. B　　3. C　　4. A　　5. D　　6. A　　7. A
　　8. A　　9. C　　10. B　　11. A　　12. C　　13. B　　14. B
　　15. B　　16. A

二、多项选择题(14 分)

　　1. BD　　2. BCE　　3. ABD　　4. ACD　　5. BC
　　6. AC　　7. AC

三、填空题(每空 1 分，共 10 分)

　　1. 普通话、汉字　　2. 舌位前后、嘴唇圆展　　3. 语法、逻辑
　　4. 记录语言、辅助性　　5. 数词缩略语、简称

四、分析题(共 39 分)

　　1. (1)z　　(2)h　　(3)l　　(4)i　　(5)o

　　2.

	声母	韵头	韵腹	韵尾	调值
月	∅	ü	ê		51
球	q	i	o	u	35
广	g	u	a	ng	214
似	s		-i[ʅ]		51
依	∅		i		55

　　3. (1) 樂：乐　　(2) 夠：够　　(3) 仝：同
　　　　(4) 棗：枣　　(5) 壓：压　　(6) 會：会

4.

上形下声	羹 星
下形上声	汞
右形左声	欣 政
外形内声	闺

5. 令、望而却步、家规、门当户对、免谈

6. (1) 网民：用原有语素和构词方式创造新词
   (2) 海归：使用缩略方式创造新词
   (3) 按揭：吸收方言词
   (4) 写真：吸收外来词
   (5) 接轨：旧词产生新义

7. 答："滑稽"和"幽默"都可做形容词，都有轻松有趣、引人发笑的意思。

"滑稽"重在逗人发笑，"幽默"则注重轻松风趣。"幽默"还有"含义深长"的意思，有时含有讽刺的意味。"幽默"除了用于言语行为外，还可以形容文字、作品或人的性格，适用范围较广。"滑稽"多用于言语、动作、形象。"滑稽"是中性词，还可含贬义，多用于口语；"幽默"是褒义词，多用于书面语。

五、论述题（每题7分，共21分）

1. 答：混淆"暂时"和"战时"的原因是不能区分舌尖前音 z 和舌尖后音 zh。

混淆"烂"和"难"的原因是不能区分鼻音 n 和边音 l。

分辨方法略。

2. 答：第一，由于古今语音的演变等原因，大约有 3/4 的形声字和它的声旁读音并不一致，甚至差异很大，如用"昆"做声旁的"混、棍"，用"寿"做声旁的"踌、涛、铸"等，它们的读音跟声旁的读音都不相同。

第二，有的声旁不容易分辨出来，如"贼"，表面看是从贝从戎，像个会意字，其实是从戈则声的形声字，从现代汉字的形体上已经看不出来了。省声字更不好分辨，如"疫"，从疒、役省声。

第三，有些声旁现在不单用，一般人不知道它的读音，如"托、瘟、廖"中的"乇、昷、翏"等。

3.答：这两种说法都有道理。

语素是语言中最小的音义结合体。"手""来""水""冷"既有语音形式，又有语义内容，它们都是语言中最小的音义结合体。词是语言中能够独立运用的最小的音义结合体。"独立运用"是指能够单独成句或单独起语法作用，"手""来""水""冷"都能够单说，因此它们也都是词。语言中的词是由语素构成的，有些语素能够独立成词，称为成词语素。"手""来""水""冷"是汉语中的成词语素，因此可以在分析语素时将它们看做语素，也可以在分析语法功能的时候把它们看做是词。

第四套

一、单项选择题(20分)

    1. A   2. D   3. D   4. A   5. B   6. A   7. C
    8. B   9. A   10. C   11. C   12. B   13. C   14. C
    15. D   16. A   17. B   18. A   19. D   20. D

二、多项选择题(10分)

    1. ABC   2. ABDE   3. ABE   4. BCDE   5. ACD

三、判断正误(10分)

    1. ×   2. √   3. ×   4. ×   5. √
    6. ×   7. √   8. ×   9. ×   10. √

四、分析题(42分)

1. 选：撮口呼   字：开口呼   而：开口呼
   洪：合口呼   酱：齐齿呼   负：合口呼

2. (1) 啊(za)   (2) 呀(ya)   (3) 哪(na)
   (4) 啊(nga)   (5) 哇(wa)

3. (1) chūntiān   (2) fāng'àn   (3) xiàyǔ
   (4) wēiyán   (5) yángyì

4. (1) 伐：会意   (2) 牛：象形   (3) 期：形声
   (4) 末：指事   (5) 亦：指事   (6) 果：象形

5. (1) 英雄倍出：辈   (2) 行踪鬼秘：诡   (3) 性情急燥：躁
   (4) 破斧沉舟：釜   (5) 相形见拙：绌

6. (1) 揭露：补充型   (2) 诅咒：联合型   (3) 笔直：偏正型
   (4) 车辆：补充型   (5) 心痛：主谓型

7. (1) 哈达：音译　（2）探戈：音译　（3）血拼：音译兼意译
   (4) 美国：音译加汉语语素　　　（5）迷你裙：半音译半意译

五、简答题(每题6分,共18分)

1. 答：复韵母的发音是从一个元音快速滑动到另一个元音,发音动作是连续的、渐变的,中间有一串过渡音,如"ai(爱)",其中一个音会比另一个音响亮。两个单韵母在发音时中间一般会有停顿,音与音之间是突变的,如"ayi(阿姨)",两个音的响亮程度基本一致。

2. 答：整理异体字的主要原则是从俗、从简和布局合理。

   从俗,就是选通用的,废除生僻的,如"同(仝)、因(囙)"。

   从简,就是在通用的前提下,尽量选笔画少的,如"瓮(罋)、岳(嶽)"。

   选用布局合理的,如"略(畧)、峰(峯)"。

3. 答：词义包括理性义和色彩义。理性义是与概念相联系的核心意义。色彩义附在理性义之上,反映人或语境赋予词的特定感受,包括感情色彩、语体色彩和形象色彩等。（例略）

《现代汉语》(下册)模拟题答案

第一套

一、单项选择题(每题1分,共20分)
1. A 2. C 3. C 4. A 5. D 6. D 7. C
8. C 9. D 10. B 11. A 12. C 13. A 14. B
15. D 16. A 17. D 18. A 19. C 20. B

二、多项选择题(每题2分,共10分)
1. ABE 2. BE 3. AD 4. ABCDE 5. BC

三、简答题(每题5分,共15分)
1. 答:"二"和"两"用法不完全相同。当单独用在度量衡量词前时,除"二两"不能说成"两两"外,用"二"用"两"都可以,如"二斤、两斤","二尺、两尺"。但单独用在其他量词前就只能用"两"不能用"二",如"两个"不说"二个","两条"不说"二条";不过在"位"前也可用"二","二位"、"两位"都通用。

2. 答:"公司派老张去上海"是兼语句,"公司同意老张去上海"是主谓短语做宾语的句子。两者的区别是:

(1) 停顿处和加状语处不同。在第一个动词后,兼语句中"派"后不能有停顿,也不能加状语,而主谓短语做宾语的句子可以。

(2) 第一个动词性质不同。兼语句的动词多有使令含义,能带主谓短语做宾语的动词多具有言说、感知和认识的含义。

3. 答:在特定的语言环境中,利用词语的音同或音近关系,由一个词语联想到另外一个词语,这就是谐音。谐音以声诱人,营造出诙谐反讽的效果,给观众和读者留下深刻印象。谐音还能够满足人们求吉避凶,重委婉、忌直言的文化心理。(例略)

四、分析题(共41分)
1. (1) 动词、介词　(2) 结构助词、语气词　(3) 叹词、语气词
2. (1) 主谓短语　(2) 动宾短语　　　　(3) "的"字短语

3. (1) 从老家来的人

  (2) 淡化对速度和数量的要求

  (3) 这里的气候特别好

  (4) 和我们一起回来

 4. (1) 本品容易受潮,(因|果)用后盖紧,(顺|||承)并放在干燥处,(目||的)以防止结块。

  (2) 夫妻的感情就像一个玻璃茶杯,(解||说)偶然轻敲,(假|||设)它就给你发出悦耳的声音;(转||折)但如果敲得多了,(选|||择)或者敲得重了,(假|||设)就会导致破裂。

 5. (1) 拟人、借喻 (2) 排比 (3) 借代

 6. (1) 修改:不但劳动任务出色地完成了,而且我们的思想也得到了提高。

  (2) 修改:村民们统一了认识,明白了"要致富,先修路"的道理,所以出勤率大大提高了。

  (3) 修改:只有长期地攀登,只有永不休止地钻研,才能达到光辉的顶点。

  (4) 修改:塑料有不受酸碱腐蚀的特点,为钢铁所不及。

五、论述题(每题7分,共14分)

 1. 答:层次分析要注意以下三点:

  第一,切分出来的直接成分都应该是可成立的语言单位,或者是词,或者是短语。

  第二,切分出来的直接成分应该能够搭配。

第三,切分出来的直接成分搭配起来的意义要符合整个结构的原意。

2. 答:语境可分为语言语境和非语言语境,两种不同的语境在不同的层面上制约着语言的使用。

语言语境也称上下文语境,是指词语、句子、句群等出现时所有上下文构成的语境。语言语境是语言运用的直接影响因素,它决定着语言表达方式的选择。

非语言语境指的是除上下文之外的其他影响语言表达的因素,包括交际双方、交际方式、时空环境和社会文化环境等。非语言语境对语言运用的影响是深层次的。(例略)

第二套

一、单项选择题(每题1分,共20分)

1. D   2. D   3. A   4. C   5. D   6. C   7. D
8. D   9. C   10. B   11. C   12. C   13. B   14. B
15. D   16. A   17. B   18. D   19. B   20. A

二、多项选择题(每题2分,共10分)

1. AB   2. ABCD   3. ABE   4. ACD   5. BDE

三、请改正下列错误的说法,并说明原因(每题3分,共15分)

1. 答:在现代汉语中,词类划分的主要依据是词的语法功能,形态和意义是参考依据。

2. 答:从句法功能方面来看,代词与它所代替的语法单位的功能相当。除了替代名词外,代词还能替代别的词类,如"这样"可以代替形容词,"那么"可以代替副词,"多少"可以代替数词等。

3. 答:"他个子长高了。"是一个主谓谓语句。形容词"高"在这里做主谓短语"个子长高"的中心语"长"的补语。

4. 答:修辞是从语言运用效果角度来研究语言的,它虽然不是语言的要素,但需要通过恰当地运用语音、词汇、语法等语言材料来实现其目的,获得理想的表达效果。换句话说,脱离了语音、词汇、语法等语言要素的修辞是不存在的。

5. 答:不同的语体在用词上也有比较大的差异,比如谈话语体大量使用带有主观色彩和形象色彩的词语,公文语体有一批相对固定专用的词语,科技语体大量使用科技语、外来词、国际通用词等。

四、分析题(共41分)

1. (1) 动词　名词　(2) 区别词　形容词　(3) 形容词　副词
2. (1) 时地补语　(2) 数量补语　　(3) 情态补语
3. (1)　　没有进口汽车

a. | 动 ‖ 宾 |
　　　　| 定 ‖ 中 |

b. | 状 ‖ 中 |
　　| 动 ‖ 宾 |

(2)　　很多同学买的书

b. | 　定　| 中 |
主	谓
定	中
状	中

(3)　　关于这部电影的评论

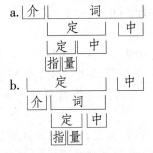

b. | 　定　| 中 |
　　| 介 | 词 |
　　| 定 | 中 |
　　| 指量 |

4. (1) 在他创业之初,既缺乏经营经验,(递‖进)更缺乏资金支持,(因‖果)遇到的困难比一般的创业者要多得多,(转｜折)但他最终还是脱颖而出,(并‖列)并成为一名商界精英。

(2) 研究所的同志们无不称赞他工作出色,(因‖果)因为他不光本职工作好,(递‖进)而且能帮助别人,(因｜果)所以,到推荐先进工作者的时候,大家一致推荐他。

5. 排比,比喻,夸张

五、论述题(每题7分,共14分)

1. 答:造成多义的因素有很多,主要有三个方面:
第一,由于句法结构关系不同造成的多义短语。

第二,由于语义结构关系不同造成的多义短语。
第三,由于句法结构关系和语义结构关系都不同造成的多义短语。
(例略)
2.（答案略）

第三套

一、单项选择题(20 分)
1. B   2. C   3. D   4. C   5. B   6. B   7. D
8. C   9. C   10. C   11. B   12. D   13. A   14. A
15. B   16. C   17. B   18. B   19. A   20. C

二、多项选择题(10 分)
1. ABD   2. CDE   3. AC   4. BD   5. ADE

三、填空题(8 分)
1. 实词、虚词   2."他"   3."他"、"一本书"   4. 形容词
5. 韵脚   6. 被动句

四、分析题(38 分)
1. (1) 施事   (2) 受事   (3) 中性   (4) 中性
2. (1) 特指问   (2) 正反问   (3) 是非问   (4) 选择问
3. (1) 妈妈[把这个小姑娘]打扮得〈漂漂亮亮〉。

(2) 叫他[跟我们][一起]打网球。

(3) 吴老师[很耐心地][跟这位男同学]谈了(三个)小时。

```
吴老师 [很耐心地] [跟这位男同学] 谈了 (三个) 小时
 主           谓
       状        中
      状   中    状      中
         介   词   动      宾
         定  中          定  中
        指量 定中        数  量
```

4.（1）这个学校,虽然并不很有名气,(递‖进)甚至连像样的礼堂也没有,(因‖果)开大会只能到操场去,(转‖折)但却有许多家长经常来找校长,(顺‖承)想把孩子送来读书。

（2）我们的确已经取得了很大成绩,(转‖折)但是如果因为有了这些成绩,(因‖果)就骄傲起来,(递‖进)并且认为可以歇一歇脚,(假‖设)那就不妥当了。

5.（1）比拟、对偶　　（2）排比、层递　　（3）比喻、拟人

五、简答题(每题6分,共18分)

1.答:（1)一个意思是"进口的汽车零件"或"进口汽车的零件",另一个意思是"要去进口一些汽车零件"。造成多义的原因是句法结构关系不同。

（2）一个意思是"去海外投资的政策",另一个意思是"海外的投资政策"。造成多义的原因是句法结构层次不同。

2.答:该句使用了对反义词进行巧妙配合的修辞方式。

通过"外"和"内"、"浅"和"深"、"前"和"后"、"高"和"矮"、"冬"和"夏"、"暖"和"凉"的对比配合,简洁而又准确地说明了这种房子的特点,语义丰富,概括性强。

3.答:这段文字最可能出现在公文语体中。

这段文字主要使用了动词性非主谓句,这在公文语体中是较为典型的句型。

第四套

一、单项选择题(共15分)

1. D　　2. B　　3. C　　4. B　　5. A

6. B　　7. D　　8. C　　9. B　　10. C

11. A　　12. C　　13. D　　14. C　　15. D

《现代汉语》(下册)模拟题答案 **67**

二、多项选择题(共 10 分)
 1. AD   2. ABC   3. BCE   4. DE   5. BCD

三、判断正误,并说明原因(每题 3 分,共 15 分)

(1) 正确。代替功能就是代词的语法功能,除个别实词(如量词)、个别短语(如某些介词短语)之外,代词几乎能代替各类实词和短语。

(2) 正确。"新娘"是一个词,"新书"是一个短语。

(3) 错误。"看看看"只是重复,而不是重叠,这个格式中后面的"看"不读轻声,整个格式也没有出现语义上短时、尝试的变化。

(4) 错误。"不是……而是……"是表示并列关系的关联词。

(5) 正确。科技语体大量使用科技术语、外来词、国际通用词;句式比较单一,大量使用陈述句,句型上多使用主谓句;很少使用修辞格。

四、分析题(32 分)

1. (1)动词　介词　　　(2)动词　副词
   (3)名词　副词　　　(4)形容词　名词

2. (1)主谓短语　　(2)偏正短语　　(3)同位短语
   (4)动宾短语　　(5)连谓短语

3. (1) 一位为祖国的科学事业做出了重要贡献的青年科学家

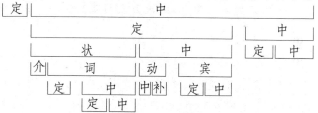

(2) 兴奋得一晚上睡不着

(3) 唱粤剧老生华哥最在行

4. (1)借代　(2)对比　(3)回环　(4)仿拟

五、改错题(16分)

1. (1) 修改:节俭→节省
   (2) 修改:幸免没有→没有
   (3) 修改:一个语文教师普遍关心的问题→语文教师普遍关心的一个问题
   (4) 修改:出展→展出;敏感→灵便
   (5) 修改:展销世界各种品牌、价位的电器一应俱全→展销电器商品,世界各种品牌、价位的电器一应俱全

2. (1) "趋之若鹜"感情色彩不合,比喻不当。
   (2) "像一场倾盆大雨"比喻不当。
   (3) "业已"语体色彩不合。

六、简答题(每题6分,共12分)

1. 答:"得"后只能是单个词,不能再扩展的是可能补语。可能补语的否定形式是"写不好",提问形式是"写得好写不好?"

   "得"后的词可以扩展的是情态补语,如可以扩展为"写得很好"、"写得好极了"。否定形式是"写得不好",提问形式是"写得好不好?"

2. 答:(1) 这道巨流,在沟道笔直的地方,好像火车奔驰;在沟道弯曲的地方,宛如巨龙游动。

   (2) 她笑得多么响亮和爽朗,多么清脆和甜蜜。

   (3) 海风为人们唱歌,海浪为人们欢笑。

《现代汉语》综合模拟题答案

第一套

一、单项选择题(每题1分,共16分)
1. C　2. C　3. D　4. C　5. B　6. C　7. D
8. C　9. D　10. B　11. C　12. B　13. D　14. A
15. C　16. D

二、多项选择题(每题2分,共14分)
1. ACE　2. BC　3. ABC　4. CDE　5. ABCD
6. BCDE　7. DE

三、判断正误(每题1分,共10分)
1. √　2. √　3. ×　4. ×　5. ×
6. √　7. ×　8. √　9. ×　10. ×

四、简答题(每题3分,共15分)

1. 答:停顿是由音长和音节间的空隙组成,是语流中出现的声音的中断或间歇。停顿可以分为三类:第一类是生理停顿,是说话时在一口气和一口气之间停下来换换气造成语流中的停顿;第二类是语法停顿,是为了清楚地表达语言的结构层次,在关系稍微疏远的词中间进行的停顿;第三类是逻辑停顿,是为了突出某一事物,强调某一观点,或者表达某种情感,在不是语法停顿的地方、没有标点符号的地方作出的停顿。

　　人们在说话时总是综合运用三类停顿,一般的原则是语法停顿服从逻辑停顿,而生理停顿又服从语法和逻辑停顿。

2. 答:笔画法是根据笔画数和笔形的横、竖、撇、点、折的顺序来编排。如果笔画数和第一笔的笔形都相同,就按照第二笔的笔形顺序排列,以此类推。

3. 答:新词的产生主要有以下几种方式:

(1)用汉语原有的语素和构词方式创造新词。如"登录、蚁族"等。

(2) 使用缩略方式创造新词。如"高铁、减排"等。

(3) 吸收方言词和外来词。如"碰瓷、宅男"等。

4. 答：(1) 定语"痛快"指向主语"哥儿几个"。

(2) 状语"酽酽"指向宾语"一杯茶"。

(3) 补语"倒"指向宾语"好几个人"。

5. 答：(1) 用在比较随便，关系比较亲密的场合，直截了当无需客气。

(2) 一般用于请客人吃饭，显得亲切、客气。

(3) 是礼貌的说法，让客人开始吃饭，关系一般比较疏远。

(4) 用在正式宴席上，请人上餐桌时用。

五、分析题(共 30 分)

1. (1) 一：本调55，变调35　　不：本调51，变调35

   (2) 脑：本调214，变调21　　好：本调214，变调35

2. (1) 九：丿九　　(2) 义：丶丿义

   (3) 万：一丁万　　(4) 火：丶丶丿火

3.

词	构造方式	词	构造方式
司令	动宾型合成词	日出	主谓型合成词
汽车	偏正型合成词	老师	附加式合成词
叔叔	重叠式合成词	蝈蝈	叠音词(单纯词)

4. (1) 那个特别红的让他拿走

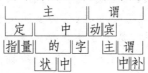

(2) 他们班每个都是好样的

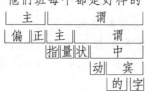

(3) 广东和广西的部分地区

5.（1）如果我们既放下包袱,（并‖列）又开动了机器,（并‖列）既是轻装,（并‖列）又会思索,（假｜设）那我们就会胜利。

（2）虽然葛朗台热烈盼望太太病好,（因‖果）因为她一死就得办遗产登记,（并‖列）虽然他对母女俩百依百顺一心讨好的态度使她们吃惊,（并‖列）虽然欧也妮竭尽孝心地侍奉,（转｜折）葛朗台太太还是很快地往死路上走。

6.（1）比拟、顶真、比喻

（2）夸张、比喻

六、论述题（每题5分,共15分）

1. 答：掌握形声字的形旁对学习汉字具有积极的作用。形旁的主要作用是表示字的意义类属,可以帮助了解和区别字的意义。"樟、桥、杯"的形旁都是"木",让我们了解到"樟"是树木类,"桥、杯"是用木材做的。

形旁的表意功能有一定的局限性。第一,形旁只表示意义类属,不表示具体意义。"樟"字就是典型例子。第二,由于事物的变化,有些形旁的表意作用受到影响,如现在的"桥"许多并不用木材,"杯"也多用陶瓷或玻璃。

2. 答：反义词是表示反义关系的一组词。例如：恩人—仇人,天堂—地狱（名词）；拥护—反对,建设—破坏（动词）；简单—复杂,陈旧—新鲜（形容词）。

反义词的作用表现在两个方面：(1)运用反义词,形成意思上的鲜明对比,使语言更加深刻有力,深刻地揭示事理,鲜明地表达感情。如"胜不骄、败不馁"。(2)利用反义词成对的特点,形式上构成对偶、仿词、排比等修辞手段,增强语言的表现力。如"旧的不去,新的不来（对偶）"。

3. 答：公文语体也称事务语体,主要用来处理国家机关、社会团体之间行政或工作事务以及机关团体与社会成员、社会成员之间的事务,如通知、请示、公告、条例、合同、启事、介绍信、借据等。

公文语体的语言运用特点具体表现在以下几方面:
(1) 大量使用专有的公文语体词。
(2) 大量使用"的"字短语、介词短语和联合短语。
(3) 大量使用陈述句和祈使句,结构上则表现为多使用动词性非主谓句。
(4) 较少使用修辞格。
(5) 篇章结构程式化。

第二套

一、单项选择题(20分)

1. B　2. A　3. B　4. A　5. B　6. D　7. C
8. D　9. A　10. A　11. D　12. B　13. C　14. A
15. A　16. B　17. C　18. A　19. C　20. D

二、多项选择题(10分)

1. ABCE　2. ADE　3. ACE　4. AE　5. BC

三、名词解释(每题2分,共10分)

1. 答:音节是听感上最容易分辨出来的语音单位。

2. 答:义项是词的理性意义在辞书中的分项解释。

3. 答:甲骨文指刻写在龟甲兽骨上的文字。现在发现的甲骨文主要是商代后期的,也有少量是周代的。

4. 答:句子是能够表达一个相对完整的意思,句末有一个较大的停顿,并且有一定的语调的语言单位。

5. 答:为了增强语言表达的修辞效果而采用的一些特殊的修辞手段,由于这些修辞手段大都有一定的格式,因此叫修辞格,简称辞格。

四、填表题(35分)

1.

	声母	韵头	韵腹	韵尾	调类
作	z	u	o		去声
风	f		e	ng	阴平

群	q		ü	n		阳平
假	j	i	a			上声
挥	h	u	e	i		阴平

2.

单纯词			复合式					重叠式	附加式
联绵词	叠音词	译音词	动宾型	补充型	主谓型	联合型	偏正型		
螳螂	猩猩	坦克	动员	证明	眼红	聪明	高潮	哥哥	老兄

3.

名词	动词	形容词	区别词	副词	代词	助词	语气词
重点 最近	重视	彻底 突然	花式	马上	什么	所	罢了

4.

动宾短语	偏正短语	中补短语	主谓短语	兼语短语
打算去旅游 值得庆幸	从海外归来 黄色预警	高兴极了 锻炼一年	做饭很累 花开了	有人请喝茶 让人家上当

五、改错分析题(每题2分,共8分)

1. 答:"恼怒"的拼音应该是"nǎonù","当然"的拼音应该是"dāngrán"。"恼怒"的拼音出现错误主要是因为 n、l 的发音混淆;"当然"的拼音出现错误主要是因为前鼻音和后鼻音的发音混淆。

2. 答:"潘"和"沈"合并简化为"沈","範"和"范"合并简化为"范",在简化之前,这四个字都各有自己的意思,作为姓氏的只能是"沈"和"范","潘"和"範"这两个繁体字并没有作姓氏的用法。在推广规范用字的今天,应该采用规范的汉字。

3. 答:拘泥→拘谨。词性搭配错误。

4. 答:粗俗→低俗。语义搭配错误。

六、简答题(每题3分,共6分)

1. 答:"处理"和"处置"都是动词,都有安排、办理和惩治的意思。"处理"重在办理、解决,语义较轻;"处置"重在安置、发落,语义较重。"处理"可用于人或事物,使用范围较大;"处置"的对象常事有罪或有过失的人或具体事物,一般不用于抽象事物。"处理"通用于书面语和口语,"处置"多用于书面语。

2. 答:A. 主谓谓语句。主谓短语充当谓语。

B. 连谓句。连谓短语充当谓语或直接成句。

C. 存现句。表示某处存在、出现、消失某人或某物。具体格式一般是:处所词语+动语+表人或物的词语。

D. "把"字句。由"把"构成的介词短语做状语。

七、论述题(共11分)

1. 答:"我知道他明天开会。"是主谓短语做宾语的句子,"我通知他明天开会。"是双宾句。二者的区别是:(1)停顿处和加状语处不同。在第一个动词后,双宾句不能有停顿,也不能加状语,而主谓短语做宾语的句子可以。(2)第一个动词性质不同。双宾句的动词多表示"给予"、"取得"、"询问"、"称呼"等意义。能带主谓短语做宾语的动词多具有言说、感知和认识的含义。

2. 答:比拟和比喻有相似之处,它们都是以甲事物比做乙事物。但它们有一个根本的区别,那就是比喻中的喻体一定出现,而比拟中用来作为比拟的人或事物即"拟体"并不出现。(例略)

《现代汉语》复习与练习答案

第一章 绪 论

第一节 现代汉语概说

复习和练习(一)

复习题

1. 广义的现代汉语和狭义的现代汉语各指什么?

答:广义的现代汉语包括现代汉民族共同语和方言。狭义的现代汉语指现代汉民族共同语,即普通话。

2. 什么是普通话?什么是汉语方言?

答:普通话是以北京语音为标准音,以北方话为基础方言,以典范的现代白话文著作为语法规范。

汉语方言是汉语的地域变体,俗称地方话,只通行于部分地域。

3. 现代汉民族共同语是怎样形成的?

答:汉族早在先秦时代就存在民族共同语,而现代的汉民族共同语是在北方方言的基础上形成的,因为北方方言在政治、经济、文化等外在条件下较具优势。北方方言拥有最多的人口,分布地域最广。唐宋以来用白话写作的各种文学作品主要都是用北方方言写成的,这些作品的流传,加速了北方方言的推广。在汉语北方方言中,北京话有着特殊的地位。金、元以来,北京成了我国政治、经济和文化的中心,以北京话为代表的北方方言在全国各地的方言中影响逐渐显著,其地位日益重要。明清时期的北京话作为官府的通用语言传播到了全国各地,到了20世纪,特别是五四运动前后,"白话文运动"和"国语运动"的兴起,互相推动、互相影响,增强了北京话的代表性,直接促成了现代汉民族共同语的形成。

4. 现代汉语有哪些方言?各自的代表方言是什么?

答:从总体而言,汉语方言可分为七大方言区:(1)北方方言(官话方言),以北京话为代表;(2)吴方言,以苏州话和上海话为代表;(3)

湘方言,以长沙话为代表;(4)赣方言,以南昌话为代表;(5)客家方言,以梅县话为代表;(6)闽方言,以厦门话和福州话为代表;(7)粤方言,以广州话为代表。

第二节 国家对语言文字的重视

复习和练习(二)

复习题

1. 新时期语言文字工作的方针是什么?当前语言文字工作的主要任务是什么?

答:新时期语言文字工作的方针是:贯彻执行国家关于语言文字工作的政策和法令,促进语言文字规范化、标准化,推动文字改革工作,使语言文字在社会主义现代化建设中更好地发挥作用。

当前语言文字工作的主要任务是:做好现代汉语规范化工作,大力推广和普及普通话;研究和整理现行汉字,制定各项有关标准;进一步推行《汉语拼音方案》,研究并解决它在实际使用中的有关问题;研究汉字信息处理问题,参与鉴定有关成果;加强语言文字的基础研究和应用研究,做好社会调查和社会咨询服务工作。

2. 我国历史上第一部关于语言文字方面的专门法律是何时实施的?它的意义何在?

答:我国历史上第一部关于语言文字方面的专门法律是《中华人民共和国国家通用语言文字法》,于2001年1月1日正式施行。

这部法律规定了国家关于文字的基本政策,它的颁布旨在进一步促进语言文字的规范化和标准化,从而推动国际交流和国家政策、经济、科技、文化、艺术的发展,标志着我国通用语言文字的使用将全面走上法制的轨道。该法明确规定:"国家推广普通话,推行规范汉字。"首次以立法的形式确定普通话为国家的通用语言,给推广普通话和汉字规范化工作的开展创造了更为有利的条件。

3. 为什么要对现代汉语进行规范?

答:为了明确现代汉民族共同语内部一致的标准,消除语言使用中出现的混乱现象,更好地发挥语言文字的交际功能,需要对现代汉语进行规范,确立现代汉民族共同语及其语音、词汇、文字和语法等方面的标准,并且运用这一标准去消除语言使用中出现的分歧和混乱。

第三节 本课程的性质、内容和学习方法

复习和练习(三)

复习题

1. 现代汉语包括哪几个方面的内容?

答:现代汉语主要内容包括语音、文字、词汇、语法和修辞等五部分。

2. 为什么要学习现代汉语?

答:为了把话说得更清楚、明白和动听一些,使说话和写文章的效果更好一些,需要加深对现代汉语的理解和认识。学习现代汉语课程,可以使我们不仅能熟练地使用汉语,还能增加对国家的语言文字政策的了解,提高分析语言和运用语言的能力。

3. 怎样才能学好现代汉语?

答:在学习过程中一是要通过辨析具体现象来推求一般规律,二是要运用理论知识,指导语言实践,多做练习。

4. 怎样理解运用理论知识指导语言实践?

答:实践是形成理论的基础,理论有指导实践的作用。我们在学习《现代汉语》课程的过程中,要注意理论与实践密切结合,运用学到的理论知识指导日常的言语实践。对于现实生活中司空见惯的语言现象,要多注意观察,还要深入思考其出现的原因,为什么这样说不那样说。

第二章 语 音

第一节 语音概说

复习与练习(一)

一、复习题

1. 什么是语音?举例说明哪些声音不是语音。

答:语音是人类发音器官发出来的有意义的声音。

自然界中存在着各种各样的声音,但很多都不是语音。首先,像风声、雨声、桌椅碰撞发出的声音不是语音,因为它们是由一般物体振动发出的,不是由发音器官发出的,没有生理属性。其次,青蛙呱呱、小狗汪汪、蜜蜂嗡嗡,这些动物发出的声音虽然有其生理属性,但不是

人类发出的,不是语音。再次,人打喷嚏、检查喉咙等时候发出的声音也不是语音,因为这些声音没有表达特定的意义。

2. 画出发音器官的口腔部分,指出各部分的名称。(答案略)

3. 什么是语音四要素?它们在语音中的具体表现是什么?

答:语音四要素包括音高、音强、音长和音色。

音高在语音里的表现主要是音节里的声调和依附在句子上高低起伏的语调。音强的表现主要是重音、轻音和轻声。音长的表现主要是能区别意义的长音和短音。发音体不同,发音方法不同,共鸣器的形状不同都会造成音色的不同。语音主要的发音体是声带,每个人的声带都是独一无二的,因此每个人都有自己的独特音色;发音方法的不同主要体现在辅音的发音上;共鸣器形状造成音色的不同主要体现在元音上。

4. 如何理解语音的社会属性?

答:语音是一种社会现象。人们在交际的时候最关注的是声音所承载的意义,而什么声音表示什么意义是由社会约定俗成的。社会属性是语音最本质的属性。

5. 什么是音节?什么是音素?

答:音节是听觉上自然感觉到的最小的语音单位。

音素是从音色角度划分出来的最小语音单位。

6. 辅音、元音与声母、韵母的关系是怎样的?

答:元音辅音和声母韵母是两套来源和体系不同的语音术语,它们之间不是一一对应的关系。声母主要由辅音充当,这种声母叫辅音声母,但是有的声母不是辅音,这种声母叫"零声母",可见辅音不等于声母。组成韵母的音素可以只是元音,也可以由元音加辅音构成,韵母也不等于元音。

7. 汉语拼音方案适用于哪些领域?是否可以用来拼写英语和广州话?

答:汉语拼音方案适用于以下领域:(1)拼写普通话,为汉字标注普通话的读音。在教学中认读汉字,在推广普通话时帮助辨音,汉语拼音都是行之有效的好方法。(2)作为相关文字政策的基础。汉语拼音方案的设计可以作为少数民族创制文字,或者进行文字改革的基础,有效地推动民族语文的发展。(3)作为信息处理的工具。汉语拼音方案现在已经广泛应用于国家标准代号的制定、索引的编排、电脑的汉字输入、人名地名等专名的罗马字拼写等各个领域。由于使用的是拉丁字母,所以是信息化时代国际间传递信息的最佳工具。

汉语拼音是基于现代汉语普通话设计的,不能拼写外语,如英语,也不能拼写方言,如广州话。外语和方言有各自的语音系统,有一些音是普通话没有的,如英语的[θ]、广州话的[œ]等,汉语拼音就没有设计相应的字母表示,即使使用同一字母,所表示的读音也会各不相同。此外,音节结构不同的地方,拼音也没有相应的拼式设计。

8. 国际音标的特点是什么?

答:国际音标的特点是精确、通用和开放。它的制定原则是"一音一符,一符一音",即一个音素只用一个符号表示,一个符号只表示一个音素。这套国际音标以拉丁字母为基础,加入一些别的字母作补充,主要字母有一百多个,还有不少附加符号,具有极强的精确性。国际音标可以用来记录各国的语音,还可以根据需要按照国际语音协会规定的原则加以修改或增删,具有通用性和开放性。

二、练习题

1. 简述下列对象的区别。

(1) 口音和鼻音。

答:区别主要在于软腭和小舌的位置。软腭和小舌紧贴咽喉后壁,气流无法通过鼻腔,这时发出的是口音;软腭和小舌下垂,口腔通道封闭,这时气流从鼻腔流出,发出鼻音。

(2) 元音和辅音。

答:区别主要在于发音时气流在口腔是否受到阻碍。气流在口腔或咽腔受到阻塞,或通过时产生明显的摩擦,这时发出的音都是辅音;相反,气流在口腔中畅通无阻,发出的音就是元音。元音和辅音的其他差别还包括口腔的紧张状态、气流的强弱和声带的振动情况。

(3) 元音辅音和声母韵母。

答:元音辅音和声母韵母是两套不同的语音术语,区别主要体现在三个方面:①来源不同,元、辅音来自西方语音学,声、韵母来自我国传统的音韵学;②适用对象不同,元、辅音适合分析所有的语言,声、韵母只适合汉语的分析;③位置不同,元、辅音没有位置的规定,声母限定在音节前头,韵母限定在声母后头。

2. 将下列拼音按元音、辅音归类。

(1) n　　　(2) sh　　　(3) i　　　(4) r
(5) e　　　(6) ng　　　(7) ü　　　(8) d

答:元音:(3)(5)(7);辅音:(1)(2)(4)(6)(8)。

3. 指出下面两句话中所包括的音节数目和音素数目。
(1) 太谢谢您了。
答:5个音节,14个音素,其中有8个不同的音素。
(2) Thank you very much.
答:5个音节,13个音素。

第二节 声 母

复习与练习(二)

一、复习题

1. 普通话辅音根据发音部位可以分为哪些类别?

答:辅音发音时气流在口腔中会受到阻碍,发音器官形成阻碍的部位就是发音部位。普通话声母共有七类发音部位,即双唇、唇齿、舌尖前、舌尖中、舌尖后、舌面前和舌面后。

2. 什么是发音方法?根据不同的发音方法可以将普通话的辅音分为哪些类别?

答:辅音发音时气流在口腔中会受到阻碍,发音器官阻碍气流和解除阻碍的方法就是发音方法。普通话辅音的发音方法可以从三个方面来观察:

(1) 根据成阻和除阻的方式不同,可以分为塞音、塞擦音、擦音、鼻音和边音五类。

(2) 根据声带是否振动,可分为清音和浊音两类。

(3) 根据气流的强弱,可分为送气音和不送气音两类。

3. 什么是零声母?

答:普通话中一些音节的开头部分没有辅音声母,这种音节中的声母称为零声母。这些音节在实际发音时开头往往带有轻微的喉塞或摩擦成分。

4. 请标写出普通话中各辅音的国际音标。

参考普通话声母总表。

二、练习题

1. 请指出:

(1) 普通话里哪些声母是送气和不送气成对出现的?

答:b/p   d/t   g/k   j/q   zh/ch   z/c

(2) 普通话里哪些声母是塞音、塞擦音和擦音相配出现的?

答:j q / x   zh ch / sh r   z c / s   g k / h

另外双唇的 b、p 和唇齿的 f 也可以看做是唇音的配对。

2. 汉语拼音和国际音标在拼写普通话辅音声母的时候所用的符号有哪些是不一样的？将不一致的符号列举出来。

b[p]	d[t]	g[k]	j[tɕ]	zh[tʂ]	z[ts]
p[pʰ]	t[tʰ]	k[kʰ]	q[tɕʰ]	ch[tʂʰ]	c[tsʰ]
m[m]	n[n]	h[x]	x[ɕ]	sh[ʂ]	s[s]
f[f]	l[l]			r[ʐ]	

说明：空白处表示符号一致；浅色灰度处表示拼音符号和音标符号有交叉，以及送气符号不一致；深色灰度处表示符号有较大差异。

3. 请从发音部位和发音方法两方面分析描写下列声母。

　　b　ch　x　l　k　z

答：b：双唇不送气清塞音　　　　ch：舌尖后送气清塞擦音
　　x：舌面前清擦音　　　　　　l：舌尖中浊边音
　　k：舌面后送气清塞音　　　　z：舌尖前不送气清塞擦音

4. 根据下列发音部位和发音方法，指出其所描写的是哪个声母。

答：双唇送气清塞音：p[pʰ]　　　唇齿清擦音：f[f]
　　舌面后不送气清塞音：g[k]　　舌面前不送气清塞擦音：j[tɕ]
　　舌尖后浊擦音：r[ʐ]　　　　　舌尖中浊鼻音：n[n]

5. 有人认为，"零声母中的'零'表示'没有'，零声母就是'没有声母'。因此普通话音节可以根据有无声母分为两类：一类是'有声母音节'，如'ban'；一类是'无声母音节'，即零声母音节，如'an'。"这种看法对不对？为什么？

答：不对。首先，"零声母"不是"没有声母"，而是音节开头不是辅音的声母。"零"不能理解为"没有"。"零声母"也是声母，只不过不由辅音充当。其次，"普通话音节可以根据有无声母分为两类，一类是'有声母音节'，一类是'无声母音节'"也不对，这话把声母和辅音混同了。普通话音节可以根据开头有无辅音分为两类，一类是"有辅音声母的音节"，一类是"无辅音声母的音节"，即零声母音节，前者如 ban，后者如 an。有辅音声母的音节和零声母音节都是有声母的音节，所以不能说"汉语里有一种没有声母的音节"或说"汉语有的音节是没有声母的"。

6. 给下面一段歌词的每个音节标注声母。

　　你是一座高高的山峰矗立在蓝天；
　　n sh ∅ z g g d sh f ch l z l t

肩 上 的 道 义 笔 下 的 风 采 筑 成 民 族 的 尊 严。
j sh d d ø b x d f c zh ch m z d z ø
你 是 一 条 长 长 的 大 江 延 伸 到 天 边；
n sh ø t ch ch d d j ø sh d t b
甘 甜 的 乳 汁 芬 芳 的 桃 李 连 结 四 海 的 眷 恋。
g t d r zh f f d t l l j sh d j l
山 高 水 长 根 深 叶 茂，
sh g sh ch g sh ø m
上 下 求 索 海 纳 百 川。
sh x q s h n b ch
悠 悠 寸 草 心 怎 样 报 得 三 春 暖，
ø ø c c x z ø b d s ch n
千 百 个 梦 里 总 把 校 园 当 家 园。
q b g m l z b x ø d j ø

7. 填表。

(1) 将下列汉字按字音声母的发音部位归类。

散 从 宝 路 自 数 笑 荣 红 结
更 口 出 铺 马 飞 同 词 强 度

发音部位	汉字
双唇	宝 铺 马
唇齿	飞
舌尖前	散 从 自 词
舌尖中	路 同 度
舌尖后	数 荣 出
舌面前	笑 结 强
舌面后	红 更 口

(2) 将下列汉字按字音声母的发音方法归类。

去 成 差 此 烂 回 森 光 蹦 鸟
阔 组 修 沙 日 抢 品 边 现 紧

发音方法	汉字
塞音	光 蹦 阔 品 边
塞擦音	去 成 差 此 组 抢 紧
擦音	回 森 修 沙 日 现
鼻音	鸟
边音	烂

8. 朗读练习,读准下列词语。(答案略)

第三节 韵 母

复习与练习(三)

一、复习题

1. 画出舌面元音舌位图,并在上面标注出普通话的舌面单元音韵母。

答:

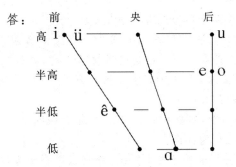

2. 根据构成韵母的音素数量和性质,普通话韵母可以分为几类?

答:根据构成韵母的音素数量和性质,普通话韵母可以分三类,内部再分出若干小类。其分类如下:(1)单元音韵母:舌面元音韵母、舌尖元音韵母和、调具有区别意义的作用。卷舌元音韵母。(2)复元音韵母:前响复韵母、后响复韵母和中响复韵母。(3)鼻辅音韵母:舌尖鼻音韵母和舌面后鼻音韵母。

3. 普通话音节中,韵头和韵尾分别可由哪些音充当?

答:普通话音节中,韵头可以由高元音 i、u 和 ü 充当,韵尾可以由两个高元音 i 和 u、两个鼻辅音 n 和 ng 充当。

4. 什么是"四呼"？

答：四呼是传统音韵学中按韵母开头元音口形的不同对韵母所作的分类，即开口呼、齐齿呼、合口呼、撮口呼四类，简称"四呼"。

5. 卷舌元音 er 是不是单元音？为什么？

答：卷舌元音是舌位居中、舌尖上卷时发出的元音，在发音时口形保持不变，这符合单元音的定义，所以卷舌元音是一个单元音。汉语拼音用两个字母表示这个单元音，r 不是韵尾。

6. 请用国际音标标写普通话各韵母。

参考普通话韵母总表。

二、练习题

1. 韵母发音分析。

(1)"恶"和"二"、"鹅"和"而"这两对音节的发音有什么差异？

答：这两对音节的发音差异有两个方面：

一是舌位不同。"恶、鹅"发音时，舌位是后、半高；"二、而"发音时，舌位是央、中。

二是卷舌情况不同。"二、而"发音时，舌尖上卷，有明显的卷舌色彩；而"恶、鹅"发音时，舌尖不上卷。

(2)"hun"和"jun"两个音节的韵母是否相同，为什么？

答：这两个音节的韵母并不相同。音节"hun"的韵母其实是"uen"，音节"jun"的韵母其实是"ün"。根据汉语拼音方案，韵母"uen"在前面有辅音声母时省略韵腹，韵母"ün"在前面是声母 j、q、x 时省略 ü 上两点，所以写出来都成了"un"。

(3)"huī"和"qiū"中声调分别标注在 i 和 u 上，是否说明这两个音节的主要元音分别是 i 和 u？为什么？

答：这两个音节的主要元音并不是 i 和 u。根据汉语拼音方案，韵母"uei"和"iou"在前面有辅音声母的时候韵腹省写，声调标注在后面的元音上。因此"huī"的主要元音应该是 e，"qiū"的主要元音应该是 o。

2. 找出下面一段歌词中有韵头的字。

月落乌啼总是千年的风霜，
涛声依旧不见当初的夜晚。
今天的你我，怎样重复昨天的故事，
这一张旧船票，能否登上你的客船。

答：韵头 i：千　年　旧　见　夜　天　样　旧　票

韵头 u：落 霜 晚 我 昨 船
韵头 ü：月

3. 填表。

(1) 将下列汉字按字音韵尾归类。
杭 形 表 按 劝 逛 水 有 照 连 劳 黑 对

韵尾	汉字
-i 韵尾	水 黑 对
-u 韵尾	表 有 照 劳
-n 韵尾	按 劝 连
-ng 韵尾	杭 形 逛

(2) 将下列汉字按字音复韵母的类型归类。
傲 赖 鸟 假 拽 被 话 吓 肺 瑞 抓 耐 廖

韵母类型	汉字
前响复韵母	傲 赖 被 肺 耐
中响复韵母	鸟 拽 瑞 廖
后响复韵母	假 话 吓 抓

(3) 将下列汉字按四呼归类。
凝 望 这 些 雨 蚕 执 勤 奋 军 工 作 我 感 似 穷 浊

四呼	汉字
开口呼	这 蚕 执 奋 感 似
齐齿呼	凝 些 勤
合口呼	望 工 作 我 浊
撮口呼	雨 军 穷

4. 用汉语拼音和国际音标给下面的古诗注音(只标声母和韵母)。

朝辞白帝彩云间,千里江陵一日还。
两岸猿声啼不住,轻舟已过万重山。
Zhao ci bai di cai yun jian, [tʂɑu tsʅ pai ti tsʰai yn tɕiæn]
Qian li jiang ling yi ri huan。[tɕʰiæn li tɕiaŋ liŋ i zʅ xuan]
Liang an yuan sheng ti bu zhu,[liaŋ an yæn ʂəŋ tʰi pu tʂu]
Qing zhou yi guo wan chong shan。[tɕʰiŋ tʂəu i kuo uan tʂʰuŋ ʂan]

5. 朗读练习。(答案略)
6. 绕口令练习。(答案略)

第四节 声 调

复习与练习(四)

一、复习题

1. 什么是声调？如何理解声调在汉语音节中的重要性？

答：声调是依附在音节上能区别意义的音高变化形式。

汉语是有声调的语言。在汉语里,声调又称"字调",每个汉字记录的音节都必须有声调,而且声调具有区别意义的作用,例如"衣"和"义"的区别就是声调的不同。所以声调在汉语音节中有非常重要的作用,是必不可少的组成部分。

2. 为什么说声调的音高是相对的？

答：声调的音高是相对的。人的声带各不相同,用仪器记录下来的绝对音高会有差异,但是每个人发音时,音高变化的走势和格局都是基本相同的,这种音高的升降幅度就是相对音高。声调的音高是相对的,这样才可以让不同人之间毫无障碍地交流和相互理解。

3. 什么是调值和调类？二者的关系是怎样的？

答：调值是声调的实际读法,是音节高低升降、曲直长短的变化形式。调类是声调的种类,调值相同的字可以归为一个调类,一个语言或方言中能念出几种区别意义的音高变化,就有几个调类。普通话有四个调类,即阴平、阳平、上声和去声,调值用五度标记法分别记做 55、35、214 和 51。

调值和调类有着不可分割的联系,但它们是两个不同的概念,有必要区分清楚。

4. 熟记普通话四个声调的发音,并用三种标调法标写这四个声调。

答：普通话四声声调的调值分别为：55、35、214、51。

普通话声调标注法主要有拼音符号、调值数码和五度竖标三种，第一种适用于汉语拼音的声调标注，后两种适用于国际音标的声调描写。如去声音节的 mo，可以用这三种方法标写声调：

mò　　［mo⁵¹］　　［mo ˥]

二、练习题

1. 请举出普通话里5组四声俱备的音节，如 mi。

普通话里四声俱备的音节约有一百五十多个，约占所有音节的30％。（举例略）

2. 写出下列汉字的拼音，注意声调标注的位置。

黄　稳　混　绣　亏　兄　鸥　夏
huáng　wěn　hùn　xiù　kuī　xiōng　ōu　xià
节　随　黑　船　花　香　考　鸳
jié　suí　hēi　chuán　huā　xiāng　kǎo　yuān

3. 填表。

(1) 将下列汉字按照字音的调类归类。

伏　笔　湖　泊　高　产　逮　捕　鄙　廖
鄘　复　杂　指　甲　穴　道　梁　酿　扇

四声	汉字
阴平	泊(湖泊) 高 卑
阳平	伏 湖 泊(停泊) 杂 梁
上声	笔 产 逮(白读) 捕 鄙 指 甲
去声	逮(逮捕) 廖 复 穴 道 酿 扇

(2) 比较下列词语的声调，并写出相应的汉字。

拼音	汉字
biànjiě：biànjié	辩解：便捷
dúqì：dǔqì	毒气：赌气
huánxíng：huǎnxíng	环形：缓刑
chóushì：chǒushì	仇视：丑事

wúlì∶wǔlì	无力∶武力
yáncháng∶yánchǎng	延长∶盐场
pífū∶pǐfū	皮肤∶匹夫
qíjiàn∶qǐjiàn	旗舰∶起见
wéirén∶wěirén	为人∶伟人

4. 朗读练习。(答案略)

第五节 音 节

复习与练习(五)

一、复习题

1. 普通话音节有多少种结构类型？从中可以看出什么特点？

答：普通话音节结构一共有12种类型，语音结构简单，特点鲜明，主要有以下特点：

(1) 一个音节最多有四个音素,最少有一个音素。

(2) 在音节的组成音素中,元音占优势,最多可以有三个元音。当一个音节只有一个音素时,一般都是元音充当韵腹。所有的元音都可以充当韵腹。

(3) 能进入韵头位置的只有三个高元音:i、u和ü。

(4) 普通话音节的韵尾可以是元音韵尾,也可以是辅音韵尾,二者不可共现。可以充当元音韵尾的只有i和u;可以充当辅音韵尾的只有两个鼻音n和ng。

(5) 普通话的音节可以没有辅音声母,也可以没有韵头和韵尾。每个音节都有韵腹和声调。

2. 从声母角度看,普通话声韵配合有什么特点？

答：从声母的角度看,普通话的声韵配合有以下规律：

(1) 双唇音能跟开口、齐齿呼的韵母相拼,不能跟合口呼韵母中"u"以外的韵母相拼,也不能跟撮口呼相拼。

(2) 唇齿音声母只跟开口呼韵母和"u"韵母相拼,不能跟其他三呼韵母相拼。

(3) 舌尖中声母分为清音和浊音两类,浊音声母n和l能跟四呼韵母拼合,但是清音的d和t不能跟撮口呼韵母相拼。

(4) 舌尖前、舌尖后和舌面后声母都只能跟开口、合口呼韵母相拼,不能跟齐齿、撮口呼韵母相拼。

(5) 舌面声母跟上面的三组声母正好相反,只能跟齐齿、撮口呼韵母相拼,不能跟开口、合口呼韵母相拼。

(6) 能跟四呼相拼的声母只有 n、l 和零声母。

3. 从韵母角度看,普通话声韵配合有什么特点?

答:从韵母的角度看,声韵组合的规律主要有以下几点:

(1) 开口呼韵母能跟舌面前声母以外的所有声母相拼。

(2) 齐齿呼能跟双唇、舌尖中和舌面前声母相拼,不能与唇齿、舌尖前、舌尖后和舌面后声母相拼。

(3) 合口呼不能与舌面前声母相拼,在与唇音声母相拼时只限于"u"。

(4) 撮口呼韵母只能与浊音的舌尖中声母和舌面前声母相拼。

(5) 四呼中,开口呼的韵母能拼合的声母最多,撮口呼韵母能拼合的声母最少。

二、练习题

1. 普通话音节分析。写出下列汉字的汉语拼音,并进行音节结构分析,指出该音节韵母所属的四呼。分析音节结构时要写出音节的实际读音,如"月(yuè)",声母是零声母,韵头是 ü,韵腹是 ê。

汉字	拼音	声母	韵母			声调		所属四呼
			韵头	韵腹	韵尾	调值	调类	
蛙	wā	∅	u	a		55	阴平	合口呼
越	yuè	∅	ü	ê		51	去声	撮口呼
祝	zhù	zh		u		51	去声	合口呼
卯	mǎo	m		a	u	214	上声	开口呼
昆	kūn	k	u	e	n	55	阴平	合口呼
菌	jūn	j		ü	n	55	阴平	撮口呼
菌	jùn	j		ü	n	51	去声	撮口呼
红	hóng	h		u	ng	35	阳平	合口呼
红	gōng	g		u	ng	55	阴平	合口呼
回	huí	h	u	e	i	35	阳平	合口呼

恶	è	∅		e	51	去声	开口呼
	wù	∅		u	51	去声	合口呼
酒	jiǔ	j	i	o u	214	上声	齐齿呼
号	háo	h		a u	35	阳平	开口呼
	hào	h		a u	51	去声	开口呼
远	yuǎn	∅	ü	a n	214	上声	撮口呼
指	zhǐ	zh		-i[ʅ]	214	上声	开口呼
熊	xióng	x		ü ng	35	阳平	撮口呼
特	tè	t		e	51	去声	开口呼

2. 根据拼合规律改正下列的拼写错误，并指出错误的拼写违反了哪些拼合规律。

下 xa　　抓 jua　　风 fung　　晓 shiao
尽 zin　　薄 buo　　绿 lù　　翁 ong

答：(1) 下 xa：舌面前声母不能同开口呼韵母相拼，应改为 xia。

(2) 抓 jua：舌面前声母不能同合口呼韵母相拼，这里要改为 zhua。

(3) 风 fung：合口呼韵母与 f 拼合只限于韵母 u，而且韵母 [ung] 在汉语拼音中是写做 ong，这里要改正为 feng。

(4) 晓 shiao：舌尖后音声母不能同齐齿呼韵母相拼，应改为 xiao。

(5) 尽 zin：舌尖前音声母不能同齐齿呼韵母相拼，应改为 jin。

(6) 薄 buo：合口呼韵母与双唇音声母拼合只限于韵母 u，uo 不与 b 相拼，应改为开口呼的 bo。

(7) 绿 lù：韵母 ü 与 j、q、x 相拼，在拼写时要去掉上面的两点，但与 n、l 相拼时则不可以去掉上面的两点，否则会与 u 混淆。应改为 lǜ。

(8) 翁 ong：ong 不能自成音节，应改为 weng。

3. 指出下列字音的韵腹及所包含的音素个数。例如：人(e/3)
(1) 窗(a/4)　　(2) 粤(ê/2)　　(3) 论(e/4)　　(4) 误(u/1)
(5) 研(a/3)　　(6) 规(e/4)　　(7) 网(a/3)　　(8) 休(o/4)
(9) 鱼(ü/1)　　(10) 强(a/4)

第六节　汉语拼音方案

复习与练习(六)

一、复习题

1. 普通话的拼音字母设计与音位归纳有什么关系？

答：汉语拼音方案是依据音位理论针对普通话设计出来的。

音位是一种语言（或方言）中从能否区别意义的角度归纳出一个最小单位。将普通话中出现的多个音素归纳成有限的音位，得到一个整齐而严谨的音位系统后，就可以在此基础上为普通话设计拼音方案了。不过，拼音字母不可能做到像记录音素的国际音标那样一符一音地准确对应。汉语拼音方案中的字母与汉语普通话的音位之间就存在着几种关系，包括：

（1）一个字母代表一个音位，例如字母 f 代表 /f/ 音位；

（2）两个字母代表一个音位，例如字母 sh 代表 /ʂ/ 音位；

（3）一个字母在不同环境中代表几个音位，例如字母 i 代表 /i/、/ɣ/ 和 /ʏ/ 三个音位。

2. 普通话有哪些辅音音位？这些音位用什么拼音字母来表示？

答：普通话一共有22个辅音音位：

音位:	/p/	/pʰ/	/m/	/f/	拼音:	b	p	m	f
	/t/	/tʰ/	/n/	/l/		d	t	n	l
	/k/	/kʰ/	/ŋ/	/x/		g	k	ng	x
	/tɕ/	/tɕʰ/	/ɕ/			j	q	x	
	/ts/	/tsʰ/	/s/			z	c	s	
	/tʂ/	/tʂʰ/	/ʂ/	/ʐ/		zh	ch	sh	r

3. 普通话有哪些元音音位？这些音位用什么拼音字母来表示？

答：普通话有10个元音音位，它们分别是：

音位:	/ɑ/	/o/	/e/	/ə/	/i/	/ɣ/	/ʏ/	/u/	/y/
拼音:	a	o	ê	e	i	-i	-i	u	ü

二、练习题

1. 用国际音标拼写下列汉字读音，并回答下列问题。

（1）哈　花　想　少　先　算　代　怪　选

以上汉字的主要元音在汉语拼音里都用字母 a 表示，用国际音标表示有何差异？不同主要元音出现的条件是什么？

答：这些汉字用国际音标拼写如下：

哈	花	想	少	先	算	代	怪	选
[xA]	[xuA]	[ɕiaŋ]	[ʂau]	[ɕiæn]	[suan]	[tai]	[kuai]	[ɕyæn]

它们的主要元音分别是：

"哈、花"的主要元音：A

"想、少"的主要元音：ɑ

"先、选"的主要元音：æ

"算、代、怪"的主要元音：a

这些主要元音出现的条件是：

[A]出现在零韵尾之前；

[a]出现在韵尾为—i和—n，无韵头或是u—韵头的情况下；

[ɑ]出现在韵尾为—u和—ŋ的情况下；

[æ]出现在韵尾为—n，同时韵头为i—或y—的情况下。

(2) 鸡　系　只　次　日　思

以上汉字的主要元音在汉语拼音里都用字母 i 表示，用国际音标表示有何差异？不同主要元音出现的条件是什么？

答："鸡、系"的主要元音用国际音标表示为[i]，它出现在非舌尖声母后；

"只、日"的主要元音用国际音标表示为[ʅ]；只出现在舌尖后声母 zh、ch、sh、r 后；

"次、思"的主要元音用国际音标表示为[ɿ]。只出现在舌尖前声母 z、c、s 后。

2. 写出下列词语的拼音，指出其中的零声母字，并总结在拼写中 y、w 和 ' 的性质和作用。

方案	鹅毛	雨水	演员	胶囊
fāng'àn	émáo	yǔshuǐ	yǎnyuán	jiāonáng
五百	国王	可以	午安	西欧
wǔbǎi	guówáng	kěyǐ	wǔ'ān	xī'ōu

(1) y、w 实际上是起隔音符号作用的字母。汉语拼音方案规定，齐齿、合口和撮口呼零声母音节中，要在开头使用"y 或 w"。

(2) " ' "是隔音符号。在分词连写时，如果连接在音节后的是以 a、o、e 开头的音节，而且有发生音节界限混淆的可能时，要使用隔音符号" ' "隔开。

3. 写出下列词语的拼音，指出其中的省写规则。

优秀 yōuxiù——"秀"的韵母省写主要元音 o

文具 wénjù——"具"的韵母省写 ü 上两点

尾随 wěisuí——"随"的韵母省写主要元音 e
旅游 lǚyóu——没有出现省写
温吞 wēntūn——"吞"的韵母省写主要元音 e
救命 jiùmìng——"救"的韵母省写主要元音 o
推托 tuītuō——"推"的韵母省写主要元音 e
军队 jūnduì——"军"的韵母省写 ü 上两点,"队"的韵母省写主要元音 e
以上拼音当声调标在 i 上时,省写 i 上的一点。

4. 用汉语拼音拼写下列词语和句子。
(1) 千言万语　　qiānyán-wànyǔ
(2) 蔬菜的价格　　shūcài de jiàgé
(3) 汉语拼音方案　　Hànyǔ Pīnyīn Fāng'àn
(4) 杨紫琼和章子怡是《卧虎藏龙》这部电影的女主角。
Yáng Zǐqióng hé Zhāng Zǐyí shì《Wòhǔ-cánglóng》zhè bù diànyǐng de nǚ zhǔjué。

5. 朗读练习。对照拼音和中文进行朗读,注意拼音的标写。(答案略)

第七节　音　变

复习与练习(七)
一、复习题
1. 举例说明语气词"啊"的音变规律以及相应的用字变化。
答:语气词"啊"(a)常会受到它前面音节末尾音素的影响而发生音变。音变规律包括:
(1) 前面音节韵母或韵尾为 a、o、e、ê、i、ü 时,"啊"的读音变做 ya,汉字要写做"呀"。例如"爬呀、大伯呀、饿呀、注意呀、去呀、快写呀"等。
(2) 前面音节韵母或韵尾为 u 时,"啊"的读音变做 wa,汉字要写做"哇"。例如"苦哇、走哇、有哇、好哇、别笑哇"等。
(3) 前面音节的韵尾是 n 时,"啊"的读音变做 na,汉字要写做"哪"。例如"天哪、人哪、好几万哪、当心哪、好蓝哪、快问哪"等。
(4) 前面音节的韵尾为 ng 时,读音为 nga,汉字写法不变,仍为"啊"。例如"党啊、这样啊、好冷啊、真行啊、别动啊、好穷啊"等。
(5) 前面音节的韵母为舌尖前的 -i 时,"啊"读做浊音的 za,仍写做"啊"。例如"写字啊、来过几次啊、好自私啊"等。

(6) 前面音节的韵母为舌尖后的-i 或 er 时,"啊"读做 ra,仍写做"啊"。例如"真值啊、吃啊、是啊、小二啊"等。

2. 举例说明普通话上声变调的基本规律。

答:普通话上声的本调是 214,只出现在单念和语句的停顿处。其他情况多以变调形式出现。基本的变调规律是:

(1) 上声出现在上声前,调值由 214 变成 35 调,例如"可以、所有"等。

(2) 上声出现在阴平、阳平和去声前,调值由 214 变成 211(或 21),称为"半上",例如"小吃、小牛、小兔"。

3. 举例说明"一"和"不"的变调规律。

答:"一"的本调是 55,在单念、处于词语末尾以及处于词语前表示序数的时候念本调。变调规律有两种:(1)"一"在去声前面调值变成 35,例如"一定、一道、一向"等;(2)"一"在非去声前面调值变成 51,例如"一般、一时、一起"等。

"不"的本调是 51,在单念、处于词语末尾以及在非去声前时念本调。变调发生在去声前,"不"在去声前调值变成 35,例如"不对、不会、不愿"等。

4. 什么叫轻声?普通话里读轻声的情况大致有哪些规律?

答:某些音节在语流中失去原有的声调,变成一种又轻又短的调子,这种语流音变现象称为轻声。普通话里原调四声都可以读成轻声,哪些音节读轻声有一定的规律,包括:

(1) 助词,包括结构助词"的、地、得",动态助词"了、着、过"。

(2) 语气词,如"啊、吧、吗、哇、啦"等。

(3) 名词代词的后缀,如"子、头、们"等。

(4) 名词代词后表方位的语素或词,如"上、下、里、边、面"等。

(5) 动词形容词后的趋向动词,如"来、去、起来"等。

(6) 名词、动词的重叠式(包括叠音词)的后一个音节;四个音节的形容词生动形式的第二个音节。

(7) 重叠动词中或动词及补语中的"不"和"一"。

(8) 量词"个"。

除了以上这些有规律可循的轻声情况之外,口语中还有一批常用的双音节词,按照北京音的发音习惯,第二音节读成轻声。这些轻声词是没有规律的。

5. 什么叫儿化？儿化发音有哪些音变规律？

答：儿化是指一个音节中韵母带上卷舌色彩的一种特殊的音变现象。后缀"儿"使前词的韵母带上卷舌色彩，被儿化了的韵母叫做"儿化韵"。儿化的音变规律包括：

(1) 无韵尾或是 u 做韵尾的时候，直接后加一个卷舌动作。

(2) 韵尾是 i 或 n，儿化直接卷舌，使韵尾 i、n 丢失，主要元音央化，同时做出卷舌动作。

(3) 韵母是 i 和 ü，儿化时韵腹 i 和 ü 变成韵头，后面增加了央元音[ə]，同时做卷舌动作。

(4) 韵母是-i(即舌尖前声母和舌尖后声母后的-i)，儿化需要把-i变成央元音[ə]，同时做卷舌动作。

(5) 韵母是 in 和 ün，儿化时先失落韵尾 n，然后按照 i 和 ü 的音变规律，加上央元音[ə]，同时做卷舌动作。

(6) 韵尾是 ng 的韵母(ing 和 iong 除外)，儿化时韵尾失落，但是前面的主要元音留下鼻化色彩，同时做出卷舌动作。

(7) 韵母是 ing 和 iong，儿化时韵尾失落，加上鼻化的央元音，之前的主要元音[i]和[y]变成韵头，同时做出卷舌动作。

6. 举例说明普通话轻声、儿化区别词义和词性的作用。

答：普通话的轻声和儿化都有区别词义和词性的作用。下面举例说明：

东西：不念轻声时表示"东边和西边"；念轻声时则"泛指各种具体的或抽象的事物"。

言语：不念轻声时是名词，表示"说的话"；念轻声时则是动词，表示"说话"。

天(儿)：不儿化时是表示"天空"；儿化后意思是"一天里的某一段时间"。

画(儿)：不儿化时是动词，表示用笔画出图形；儿化之后变成名词，表示"画成的艺术品"。

二、练习题

1. 根据"啊"的音变规律在横线上标注"啊"的实际读音，并在括号内填上"啊"的相应写法。

(1) 这些孩子___za___（啊），真可爱___ya___（呀）！

(2) 那还用说___ya___（呀），不然，怎么叫模范幼儿园___na___（哪）？

(3) 你看___na___（哪），他们多高兴___nga___（啊）！

(4) 你还没见__na__（哪），下了课__ya__（呀），他们唱__ng__（啊），跳__wa__（哇），简直像一群小鸟__wa__（哇）！

2. 读准下列词语，注意上声变调。

(1) 手表 水果 领导：35＋214

(2) 首都 祖国 土地：211＋55，211＋35，211＋51

(3) 讲讲 等等 锁起：35＋轻声

(4) 比方 老实 火候：211＋轻声

(5) 嫂子 姐姐 毯子：211＋轻声

3. 指出下列句中要读轻声的音节。

(1) 师傅，我跟您打听些事儿。

(2) 地面上还留着一两个小水坑。

(3) 你去跟他聊聊，看看他有什么麻烦事需要我们帮忙。

(4) 李家村东头大坝下的两口水井，水位不断升高。

(5) 妈妈把手里的针线活停了下来。

(6) 你在跟谁闹别扭哇？

(7) 这些桌子、椅子还能凑合着用两年。

4. 指出下面句子中哪些词需要儿化。

(1) 他的话没准，别信。

(2) 我也纳闷啊，你就一点空也没有？

(3) 他们家的小马驹脖上拴了个铜铃，一甩脖就"丁零零"响，可好玩了！

(4) 聊天的时候，我才知道他们给我起了个外号叫"小猴"。

5. 语流音变朗读练习。（答案略）

第八节 语 调

复习与练习（八）

一、复习题

1. 什么是语调？

答：语调包含停顿、重音和句调等，由音高、音长和音强等要素组合而成，附着在音质（音色）层上，是话语中的超音段成分。语调是准确表达思想内容、充分表达说话人情绪的重要手段。

2. 停顿有几种类型？它们之间的关系如何？

答：停顿可以分为生理停顿、语法停顿和逻辑停顿三类。

生理停顿是指生理上换气造成语流中的停顿。语法停顿是指那种为了清楚地表达语言的结构层次,在关系稍微疏远的词中间进行的停顿,能让听者更清晰地领会语义。逻辑停顿是指为了突出某一事物,强调某一观点,或者表达某种情感,在不是语法停顿的地方、没有标点符号的地方做出停顿。

人们在说话时总是综合地运用三类停顿,一般的原则是语法停顿服从逻辑停顿,而生理停顿又服从语法和逻辑停顿。三类停顿运用得当,可以把说话的内容、说话人的情感清楚明白地表现出来。

3. 举例说明语法重音的主要规律。

答:语法重音是因语法结构产生的重音,主要规律如下:

(1) 谓语的中心动词常常读重音。例如"这辆车卖出去了。"

(2) 动词、形容词前的状语常常读重音。例如"漓江的水真绿呀!"

(3) 程度补语一般读重音。例如"写得好极了。"

(4) 定语中离名词性中心语最近的成分常常读重音。例如"她是我们班新来的语文老师。"

(5) 指示代词和表疑问的代词常常读重音。例如"他是谁?"

4. 句调有几种?各表示什么语气?

答:句调以句子为基本单位,贯穿整个句子,是整句话的音高升降变化。口语中常见的句调形式有以下四种:

(1) 平调:句调没有明显的升降变化,声音平直。平调一般表示没有感情色彩的叙述语气,或者冷淡、含蓄、严肃等语气。

(2) 降调:句调从高走向低抑。降调一般表示陈述、感叹、祈使等语气,多用于陈述句和祈使句,感叹句的句末要用感叹号。

(3) 升调:句调从低走向高扬。升调一般表示疑问、反问、惊讶等语气。有的句子没有疑问词,但是使用上升的句调,也可以得到疑问的效果。

(4) 曲折调:曲折调包括降低再升高的凹曲调,以及升高再降低的凸曲调。凸曲调一般是由于句子的重音出现在句子的中间,凹曲调大多用来表示讽刺、埋怨等语气,比较复杂,重音多出现在句首和句尾两端。

二、练习题

1. 下列句子如果做不同的停顿会得到什么不同的意义?

(1) 他说不下去了。

答:第一种:句中不做明显停顿。

第二种:他说/不下去了。

(2) 不是学生。

答：第一种：句中不做明显停顿。

第二种：不／是学生。

(3) 无鸡鸭也可。

答：第一种：无鸡／鸭也可。

第二种：无鸡鸭／也可。

2. 指出下列句子中的语法重音。

(1) 他感冒了。

他真的感冒了。

他怎么感冒了？

(2) 他买了一瓶葡萄酒。

他买了一瓶很贵的葡萄酒。

他买的葡萄酒贵极了。

(3) 他们明天就要彻底离开这个地方了。

他们为什么要离开这个地方？

他们离开这儿要去哪儿？

3. 为下列句子标注句调的升降变化。

(1) 盼望着↘，盼望着↘，东风来了↗，春天的脚步近了↘。

(2) 各位乘客→，广州站到了→，请拿好您的行李物品下车→。

(3) 我的母亲老了↗，她早已习惯听从她强壮的儿子↘；我的儿子还小↗，他还习惯听从他高大的父亲↘；妻子呢↗？在外面↗，她总是听我的↘。一霎时我感到我责任的重大↘。

4. 朗读练习。（答案略）

第三章 文 字

第一节 汉字概说

复习与练习（一）

一、复习题

1. 什么是文字？

答：文字是记录语言的书写符号系统，是最重要的辅助性交际工具。文字的产生是人类进入文明社会的重要标志。

2. 为什么说汉字是表意体系的文字？它在书写上有什么特点？

答：汉字用特定的符号直接表示词或语素的意义。读音相同的字可以表示意义不同的词或语素，读音不同的字也可以表示意义相同的词或语素。同一个汉字，古今的读音可能不同，不同方言中的读音也可能不同。但是今人能理解古书中汉字的字义，不同地方的人对同一汉字字义的理解也是一致的。因此说，汉字是表意文字。

汉字结构体呈方块形，书写上不分词连写，字与字之间没有空格。

3. 怎样理解汉字较强的超时空性？

答：汉字的表意文字性质使汉字具有较强的超时空性。几千年来，汉字的字音变化很大，但是许多汉字的字义却变化不大，如古书上"天、地、人、王、马、牛、羊"等字，现代人不懂它的古音，但能了解它的字义。这些汉字在不同方言区往往有不同的读音，但是字义却基本相同。中华民族历史悠久，古代典籍丰富，地域十分辽阔，方言分歧很大，汉字具有较强的超时空性使它在不同历史时期、不同方言地区很好地起到交际工具的作用，有效地传承了中华文明，增强了民族凝聚力。

4. 汉字有哪些作用？

答：汉字记载了中华民族创造的光辉灿烂的古代文化，使之成为中华民族和全人类共同的宝贵财富。现在，汉字是国家法定的通用文字，继续服务于各族人民、各行各业。

联合国还把我国的规范汉字作为工作中使用的六种文字之一，汉字在国际交往中继续发挥着积极的作用。

第二节　汉字的形体

复习与练习（二）

一、复习题

1. 汉字主要有哪些形体？这些字体各有什么特点？

答：现代汉字是从古代汉字演变来的，汉字在历史上出现过甲骨文、金文、小篆、隶书、楷书五种主要字体以及草书、行书等辅助字体。

甲骨文指刻写在龟甲兽骨上的文字。绝大多数甲骨文是用刀刻出来的，笔画细瘦，多用方笔。

金文指铸刻在青铜器上的文字。金文笔画一般肥粗丰满，外形方正、匀称。

小篆指秦始皇统一六国后整理、推行的标准字体，笔画整齐圆转、字形匀称。

隶书有秦隶、汉隶两种。秦隶是秦代使用的隶书,主要特点是把小篆圆转弧形的笔画变成方折平直的笔画,基本摆脱了古文字象形的特点,但还保留着一些篆书的笔法。汉隶是在秦隶的基础上演变来的,是汉代通行的字体,字形规整,撇、捺、长横有波磔,很少有篆书的笔法。

楷书兴于汉末,盛行于魏晋,一直沿用至今,字形方正,笔画没有波磔,书写方便。

草书包括章草、今草、狂草三种。章草是隶书的草写体,笔画有汉隶的波磔,虽有连笔,但字字独立。今草形体连绵,字字顾盼呼应,贯通一气,笔形没有波磔。狂草变化多端,很难辨认,成了纯粹的书法艺术。

行书字形近草不放,近楷不拘,笔画连绵,一般各字独立,好认易写。

2. 现行汉字中,印刷体和手写体主要使用哪些字体?

答:现行汉字的印刷体多用楷书,主要有宋体、仿宋体、黑体、楷体四种。手写体多用行书和楷书。

二、练习题

根据本节提供的字体附图,选择其中的一种字体进行临摹,仔细体会这种字体的特点。(答案略)

第三节 汉字的造字法

复习与练习(三)

一、复习题

1. 举例说明汉字的造字法主要有哪几种。

答:汉字的造字法主要有象形、指事、会意、形声四种。

(1) 象形是通过描绘事物形状来表示字义的造字法,如"馬、鳥、鹿、羊、牛、州、眉"等。

(2) 指事是用象征性符号或在象形字上加提示符号来表示字义的造字法,如"二、一、三、朩、末、刃、亦(上、下、三、本、末、刃、亦)"等。

(3) 会意是用两个或几个字符合成一个字,把这些字符的意义合成新字的意义,如"牧、宿、伐、折、步"等。

(4) 形声是由表示字义类属的部件和表示字音的部件组成新字,

如"材、箱、恙、胡"等。

2. 形声字中的形旁主要有什么作用？又有哪些局限？

答：形旁的主要作用是表示字的意义类属，可以帮助了解和区别字的意义。例如，用"扌(手)"表示同手的动作行为有关系，如"扑、扒、扔、扛、扣"等。

形旁的表意功能有一定的局限性。第一，形旁只表示意义类属，不表示具体意义。如用"口"做形旁的"吃、吐、呼、吸"等，同是表示与口有关的动作，但"吃"和"吐"、"呼"和"吸"意义正好相反。第二，由于事物的变化以及词义引申、文字假借等原因，有些形旁的表意作用受到了影响，甚至丧失了表意作用。

3. 形声字的声旁主要有什么作用？又有哪些局限？

答：声旁的主要作用是表示读音，大约有1/4的形声字声旁和整个字的读音完全相同，例如，"换、唤、涣、焕、痪"等。有些形声字同声旁的读音不完全相同，但也有一定的规律，可以帮助区别形似字。例如，用"仑"做声旁的字一般读 lun(抡、沦、轮、伦)；用"仓"做声旁的字，韵母一般是 ang(伧、抢、沧、枪)。

声旁的表音作用有局限性。第一，由于古今语音的演变等原因，大约有3/4的形声字和它的声旁读音并不一致，甚至差异很大。第二，有的声旁不容易分辨出来，如"贼"的声旁是"则"，"疫"是"役"省声。第三，有些声旁现在不单用，一般人不知道它的读音，如"扡、瘟、廖"中的"也(zhé)、昷(wēn)、翏(liù)"等。

二、练习题

1. 下列汉字是哪一种造字法造出来的？

男：会意　女：象形　虎：象形　上：指事　象：象形
下：指事　云：象形　爸：形声　禾：象形　竹：象形
车：象形　刃：指事　三：指事　常：形声　武：会意
从：会意　珊：形声　忐：会意　凹：象形　明：会意
鹿：象形　匣：形声　门：象形　阁：形声

2. 分析下列各组声旁相同的形声字，看它们的字义跟形旁有什么联系。

(1) 赌睹堵："赌"跟金钱有关，"睹"跟眼睛的功能有关，"堵"跟泥土有关。

(2) 瞠膛："瞠"跟眼睛的动作有关，"膛"跟人体有关。

(3) 沾玷："沾"跟水有关，"玷"跟玉有关。

(4) 抠枢怄："抠"跟手的动作有关，"枢"跟木料有关，"怄"跟心情有关。

(5) 溢谥隘："溢"跟水有关，"谥"跟称谓有关，"隘"跟地形有关（"阝"是表示小山的"阜"的变形）。

(6) 苔答："苔"跟草类植物有关，"答"跟竹子有关。

(7) 胳赂："胳"跟人体有关，"赂"跟金钱有关。

(8) 渴谒喝："渴"跟水有关，"谒"跟语言活动有关，"喝"跟口有关。

3. 分析下列各组形旁相同的形声字，看它们的读音跟声旁有什么联系。

(1) 锁销：读音跟声旁（肖 suǒ，肖 xiāo）相同。

(2) 狼狠：读音跟声旁（良 liáng，艮 gèn）相近。

(3) 钓钧：读音跟声旁（勺 sháo，匀 jūn）相近。

(4) 徒徙：读音跟声旁（土 tǔ，止 zhǐ）相近。

(5) 叨叼：读音跟声旁（刀 dāo，刁 diāo）相同。

(6) 瘐瘦："瘐"读音跟声旁（臾 yú）相同，"瘦"读音跟声旁（叟 sǒu）相近。

(7) 沁泌：读音跟声旁（心 xīn，必 bì）相近。

(8) 货贷："货"读音跟声旁（化 huà）相近，"贷"读音跟声旁（代 dài）相同。

第四节　现代汉字的结构

复习与练习（四）

一、复习题

1. 什么是笔画？汉字的基本笔画有哪些？

答：笔画是构成汉字字形的最小的连笔单位。从落笔到收笔所写的点或线叫一笔或一画。汉字的基本笔画有横、竖、撇、点、折五种。

2. 笔画与笔画的组合方式有哪些？请举例说明。

答：笔画的组合方式有相离（如"三、川"）、相接（如"丁、弓"）和相交（如"力、丰"）三种。

3. 什么是部件？汉字中部件的组合方式主要有哪些？

答：部件是由笔画组成的构字单位。部件的组合方式主要有三种：

(1) 左右组合：① 左右结构：江、轼；② 左中右结构：树、辫。

(2) 上下组合：① 上下结构：字、岗；② 上中下结构：草、裹。
(3) 包围组合：① 两面包围：A. 上左包围：店、症；B. 上右包围：句、旬；C. 左下包围：远、延。② 三面包围：A. 上三包围：闷、周；B. 下三包围：击、画；C. 左三包围：匾、匹。③ 四面包围：困、图。

4. 什么是偏旁？什么是部首？它们和部件有什么不同？

答：偏旁是传统文字学的概念，它是从造字法的角度对合体字进行分析所得到的结构单位，可以分成形旁（或意符）和声旁（或音符）两类。偏旁和部件是从不同角度分析汉字的结果。有时候偏旁与部件是对应的，如"江"的"氵"和"工"既是偏旁也是部件；有时候并不对应，如"蝴"的形旁是"虫"，声旁是"胡"，由两个偏旁组成；但从部件的角度看，则可以分析出"虫、十、口、月"四个部件。

传统的部首是字书中各部的首字。大部分部首是汉字的一个部件，如"经"的部首"纟"，"家"的部首"宀"。有的部首则可以分成几个部件，如部首"音"可分成"立、曰"两个部件。现代字词典中，有的部首还可能只是部件中的一个笔画，如"川、久"的部首"丿"。可见，部首和部件是不同的概念。

5. 什么是笔顺？汉字笔顺的基本规则有哪些？请举例说明。

答：笔顺是书写汉字时笔画的先后顺序。汉字的笔顺规则有"从上到下、从左到右"和"先大后小、先长后短"两条，如"三""了""丰"是从上到下，"儿""入""又"是从左到右，"间""越""亦"是先大后小，"非""当""兆"是先长后短。

二、练习题

1. 分析下列各字的部件、部首和偏旁。

湖：部件有氵、十、口、月，部首是氵，偏旁是氵、胡。

晴：部件有日、龶、月，部首是日，偏旁是日、青。

竖：部件有丨、又、立，部首是立，偏旁是立、䜌。

氧：部件有气、羊，部首是气，偏旁是气、羊。

赶：部件有土、龰、干，部首是走，偏旁是走、干。

乃：部件是乃，部首是丿，偏旁是乃。

仍：部件是亻、乃，部首是亻，偏旁是亻、乃。

悉：部件是采、心，部首是采或心，偏旁是采、心。

2. 写出下列汉字的笔顺。

与:一 与与;	叉:フ又叉;
车:一 㐅 𠂉 车;	北:丨 丬 丬 北'北;
丑:ㄱ 刀 刃 丑;	比:一 上 上' 比;
舟:' 丿 力 力 舟 舟;	渊:丶 丶 氵 氵 氵 汫 渊 渊 渊;
忖:丶 丶 忄 忄 忖 忖;	迅:乛 乙 卂 卂 讯 迅;
里:丨 冂 日 日 甲 里 里;	非:丨 丨 丨 非 非 非 非 非;
乘:一 二 千 千 千 千 乖 乖 乘 乘;	兜:' 丿 白 白 白 白 兜 兜 兜;
颐:一 匚 匚 匚 匚 匠 匠 匠 颐 颐;	乃:ㄋ 乃;
及:丿 乃 及;	万:一 丁 万;
丹:丿 几 月 丹;	火:丶 丶 少 火;
毋:乚 ㄇ 毋 毋;	母:乚 ㄇ 母 母 母;
凹:丨 卩 卩 凹 凹;	凸:丨 丨 凸 凸;
垂:一 二 千 手 手 乖 垂 垂	脊:丶 丶 丷 丷 火 火 火 脊 脊 脊;
鬯:丿 乂 乂 乂 乂 乂 乂 鬯 鬯;	敝:丶 丷 丷 㡀 㡀 㡀 㡀 敝 敝 敝。

第五节　汉字的整理和标准化

复习与练习(五)

一、复习题

1. 汉字的整理主要包括哪几个方面的内容?

答:汉字的整理主要包括简化笔画、精简字数和整理字形三个方面。

2. 简化汉字采用的方法主要有哪几种?

答:主要有三种:(1) 原形省略,如:醫→医、虧→亏、孫→孙、廣→广、穩→稳。(2) 更换偏旁,如:撲→扑、貓→猫、漢→汉。(3) 整字替换,如:驚→惊、穀→谷、門→门。

3. 汉字整理中精简字数主要有哪些途径?

答:精简字数主要有整理异体字、更改生僻地名用字、统一计量单位名称三种途径。

4. 什么是异体字? 整理异体字应该采用什么原则?

答:异体字是音义相同而形体不同的字。整理异体字应该采用从俗、从简和布局合理的原则。

5. 汉字标准化包括哪些方面的内容？

答：汉字的标准化包括定量、定形、定音、定序四个方面的内容，简称"四定"。

6. 汉字的排列方法主要有哪几种？

答：汉字的排列方法主要有形序法、音序法和义序法三种。

二、练习题

1. 分析下列简化字分别采用了什么简化方法。

门（門） 汉（漢） 声（聲） 窜（竄） 笔（筆） 迟（遲）
卜（蔔） 风（風） 洼（窪） 坝（壩） 导（導） 坟（墳）
怀（懷） 亏（虧） 霉（黴） 盘（盤）

答：原形省略：声（聲）、洼（窪）、亏（虧）、盘（盤）。

更换偏旁：汉（漢）、窜（竄）、笔（筆）、迟（遲）、风（風）、坝（壩）、导（導）、坟（墳）、怀（懷）。

整字替换：门（門）、卜（蔔）、霉（黴）。

2. 指出下列各组异体字哪一个是规范字，并说明为什么。

遍徧 膘臕 冰氷 喫吃 翅翄
耻恥 鉏耡锄 春旾 喆哲 年秊

答：各组异体字中规范字依次是：遍、膘、冰、吃、翅、耻、锄、春、哲、年。依照从俗、从简和布局合理的整理异体字原则，上述字已被确定为规范字。

3. 查阅《新华字典》、《现代汉语词典》、《汉语大字典》、《汉语大词典》，看它们的索引和正文采用什么方法来编排。

答：《新华字典》："汉语拼音音节索引"采用音序法，"部首检字表"（包括部首目录、检字表、难检字笔画索引）采用形序法（即按笔画笔形的顺序）；正文采用音序为主、形序为辅的方法。

《现代汉语词典》："部首检字表"（包括部首目录、检字表、难检字笔画索引）采用形序法（即按笔画笔形的顺序）；正文采用音序为主、形序为辅的方法。

《汉语大字典》（第一版）："部首目录"、"部首检字表"、"补遗检字表"采用形序法；正文采用形序法。

《汉语大词典》："单字笔画索引"采用形序法，"单字汉语拼音索引"采用音序法；正文采用形序法。

第四章 词 汇

第一节 词汇概说

复习和练习(一)

一、复习题

1. 什么是语素？语素可从哪些角度分类？

答：语素是语言中最小的音义结合体。语素可以从不同角度进行分类。根据音节的多少，语素可以分为单音节语素、双音节语素和多音节语素三种；根据构词能力，语素可以分为成词语素和不成词语素两种。

2. 什么是词？词跟语素、短语怎样区别？

答：词是语言中能够独立运用的最小的音义结合体。词跟语素的区别：词能够独立运用，而语素不能独立运用。词跟短语的区别：词是"最小的"能够独立运用的单位，而短语不是"最小的"能够独立运用的单位。

3. 什么是固定短语？主要有哪些类型？

答：固定短语是一种固化的短语，其中的词和词序不能随意改变。固定短语可分为专名(专有名称)和熟语两类。

4. 什么是缩略语？有哪些缩略方式？

答：缩略语是语言中经过压缩和省略的词语，主要包括简称和数词缩略语两类。简称大都选取全称中有代表性的语素或词构成；数词缩略语选择联合结构中各项的共同成分加上所包含的项数构成，或者由列举的项数加上集体的属性构成。

二、练习题

1. "你文章中的这个词汇很难理解，还是换个词汇吧。"这句话对不对？为什么？

答：不对，因为"词汇"是众多词语的汇集，句中难理解的是词，不是词汇，不能说"一个词汇、这个词汇"，应该把"词汇"改为"词"。

2. 分别指出下列哪些是成词语素，哪些是不成词语素。

学、习、文、字、劳、动、告、诉、飞、翔

答：成词语素：学、字、劳、动、告、飞

　　不成词语素：习 文 诉 翔

3. 分别指出下面哪些是词，哪些是短语。

　　白纸　执笔　努力　芭蕾舞　骑马　动静　热心　拿上

答：词：执笔　努力　芭蕾舞　动静　热心

　　短语：白纸　骑马　拿上

4. 写出下列缩略语的全称。

　　人大（人民代表大会／中国人民大学）　　五官（耳、目、口、鼻、舌）

　　安理会（联合国安全理事会）　　　　　　世贸（世界贸易组织）

　　动漫（动画、漫画）　　　　　　　　　　中文系（中国语言文学系）

　　四面（东、南、西、北）

　　八方（东、东南、南、西南、西、西北、北、东北）

　　高校（高等院校）　　　　　　　　　　　奥运会（奥林匹克运动会）

　　四大发明（造纸术、指南针、火药、活字印刷术）

第二节　词的结构

复习和练习（二）

一、复习题

1. 什么是单纯词？单纯词有哪些类型？

答：由一个语素构成的词，叫单纯词。单纯词有联绵词、叠音词、音译外来词三种类型。

2. 什么是合成词？合成词有哪些构成方式？

答：由两个或两个以上的语素构成的词，叫合成词。合成词有复合式、重叠式、附加式三种构成方式。

3. 举例说明重叠式合成词和叠音词的区别。

答：重叠式合成词是合成词的一种类型，是由相同的词根重叠构成的，两个词根是两个语素。比如"叔叔"就是重叠式合成词，"叔"是词根语素。叠音词是单纯词的一种类型，是由同一音节重叠而成的，重叠后的音节是一个语素。比如"蝈蝈"就是叠音词，"蝈蝈"是一个语素。

二、练习题

1. 指出下列联绵词的类型。

　　澎湃　恍惚　蜿蜒　铿锵　婆娑

　　玲珑　婀娜　蜘蛛　腼腆　鸳鸯

答：双声：澎湃　恍惚　玲珑　蜘蛛　鸳鸯

　　叠韵：蜿蜒　婆娑　腼腆

　　非双声叠韵：铿锵　婀娜

2. 指出下列复合式合成词的类型。

　　肉麻　米粒　眼红　兄弟　称心
　　性急　耐性　火红　说服　狂欢
　　冬至　吃惊　司令　告知　劳动
　　缩小　月食　自习　露骨　伤心

答：联合型：兄弟　劳动
　　偏正型：耐性　火红　狂欢　冬至
　　补充型：米粒　说服　告知　缩小
　　动宾型：称心　吃惊　司令　露骨　伤心
　　主谓型：肉麻　眼红　性急　月食　自习

3. 现代汉语中常见的前缀和后缀有哪些？每一个词缀各举三个例子说明（课本中的例子除外）。

答：现代汉语的前缀主要有"老、阿、第、初、可"等，如：老师、老鼠、老公；阿哥、阿妹、阿伯；第二、第四、第五；初一、初三、初十；可悲、可喜、可爱。

现代汉语的后缀主要有"子、儿、头、化、者、性、家、巴"等，如：儿子、镜子、桌子；盖儿、座儿、尖儿；下头、盼头、劲头；现代化、工业化、美化；记者、学者、笔者；群众性、创造性、积极性；作家、画家、店家；嘴巴、干巴、结巴。

第三节　词　义

复习和练习（三）

一、复习题

1. 举例说明什么是词义的概括性、模糊性、民族性。

答：词义的概括性是指一个词往往是对某类事物或现象的概括。比如"大学"一词，不是指某一所具体的学校，而是概括了同类对象的性质特点，指实施高等教育的学校。词义的模糊性是指词义的界限不明确，它是由词义所反映的事物的界限不确定造成的。如"凌晨、早上、上午"之间的界限就是不明确的。不同民族生存的地理环境、历史、传统、心理不同，往往会形成认知上的差异，这种差异反映到词义上，就会使词义呈现出民族性。如"龙"在西方代表邪恶、凶残等，而在汉文化中象征威严、吉祥等。

2. 举例说明什么是词的理性义和色彩义。

答：理性义是与概念相联系的核心意义。词典对词目所做的解释，主要就是理性义。色彩义附在理性义之上，反映的是人或语境赋予词的特定感受。如"伟岸"在《现代汉语词典》中的解释是"魁梧高大",这是它的理性义。同时从感情色彩看,它是褒义的;从语体色彩看,它多用于书面语体,这些是它的色彩义。

3. 什么是义项？什么是引申义、比喻义？什么是基本义？

答：义项是词的理性义在辞书中的分项解释。词的各个义项之间是相互联系的。有的义项是在原有义项的基础上,通过事物之间的相关性联系派生出来的,叫做引申义。有的是在原有义项的基础上,通过打比方的方式派生出来的,叫做比喻义。在词的多个义项当中,总有一个是最常用、最主要的意义,这就是词的基本义。

4. 举例说明如何区别多义词和同音同形词。

答：多义词的多个义项之间是有联系的,而同音同形词各自的意义完全没有联系。如"认识浅"的"浅"和"水很浅"的"浅"在意义上有联系,它们是多义词"浅"的不同义项;"白色"的"白"和"白跑一趟"的"白"在意义上完全没有联系,它们是两个同音同形词。

二、练习题

1. 分析下列几组词在色彩义上有何不同。

　　怀孕——有喜（语体色彩）　　喜欢——宠爱（语体色彩）
　　虚荣——光荣（感情色彩）　　云雾——云海（形象色彩）
　　害羞——腼腆（语体色彩）　　月亮——月球（形象色彩）
　　鼓励——鼓惑（感情色彩）　　成果——结果（感情色彩）
　　蛙泳——游泳（形象色彩）　　大方——慷慨（语体色彩）

2. 根据词的色彩义选择合适的词填入下列句中。

　　狐狸　蝴蝶　猴子　乌鸦　蜜蜂　百灵鸟　牛　麻雀　牡丹　青松　杨树　木头

(1) 小胡有一张<u>乌鸦</u>嘴,好的不灵坏的灵。
(2) 她想引人注目,天天打扮得像只花<u>蝴蝶</u>。
(3) 他知道这次遇到的是只老<u>狐狸</u>,千万不能掉以轻心。
(4) 他呆呆地站在那里,像个<u>木头</u>人。
(5) 山歌数她唱得最好,大家都说她是我们村的<u>百灵鸟</u>。
(6) 有的人喜欢<u>牡丹</u>的富贵,有的人喜欢<u>青松</u>的气节。

3. 指出下列固定短语的感情色彩和语体色彩。

　　走过场（贬义、口语色彩）　　　獐头鼠目（贬义、书面语色彩）
　　热火朝天（褒义、书面语色彩）　留一手（中性、口语色彩）
　　炒冷饭（贬义、口语色彩）　　　马不停蹄（褒义、书面语色彩）
　　高风亮节（褒义、书面语色彩）　龙马精神（褒义、书面语色彩）

4. 下列词中哪些是单义词？

　　丝绸　汽油　肥胖　生气　风　树　跑　得意　酒精　钟

　　答：单义词：丝绸　汽油　肥胖　酒精

5. 下面加点的词，用的是基本义、引申义还是比喻义？

(1) 我们进入了一个很深的山洞。（基本义）

(2) 毕业后，很多同学都走上了教育工作岗位。（引申义）

(3) 黄河是中华民族的摇篮。（比喻义）

(4) 你不要乱扣帽子。（比喻义）

(5) 小时候每天上学都要走过那个小石桥。（基本义）

(6) 大家忙得不可开交，她却坐在一旁打毛衣。（引申义）

6. 下列各组例子中，加点的词之间是一词多义还是同音同形？为什么？

(1) 这项发明不久将公之于世。

　　这事得公事公办。

　　这头羊是公的。

　　答："公之于世"的"公"和"公事公办"的"公"是一词多义，因为词的义项之间有联系。它们和"这头羊是公的"的"公"是两个同音同形词，因为各词的意义没有联系。

(2) 上级肯定了我们的成绩。

　　他的回答是肯定的。

　　她明天肯定不来。

　　答：一词多义，因为词的义项之间有联系。

(3) 这次旅游花了不少钱。

　　瓶子里插了几枝颜色不同的花。

　　这么小的字看得我眼都花了。

　　答："不同颜色的花"的"花"和"眼都花了"的"花"是一词多义，因为词的义项之间有联系。它们和"花了不少钱"的"花"是两个同音同形词，因为各词的意义没有联系。

第四节　同义词和反义词

复习与练习（四）

一、复习题

1. 什么是同义词？包括哪些类型？

答：同义词指意义相同或相近的一组词。同义词主要包括两种类型:(1)等义词,理性意义完全相同,表达时选择哪一个词主要受制于不同的表达习惯。(2)近义词,理性意义大体相同,但也有细微差别。

2. 举例说明同义词在哪些方面可能有差别。

答:(1)理性意义的差别:意义的重心不同;意义的轻重程度不同;范围的大小不同;集体与个体不同;搭配对象不同。(2)色彩方面的差别:感情色彩不同;语体色彩不同;形象色彩不同。(3)词性方面的差别。

(举例略)

3. 同义词有哪些作用?

答:(1)利用同义词之间意义上的细微差别,选取同义词满足不同语体或场合的需要,可以使语言表达精确、生动、恰当。(2)同义词连用,可以加强语势,使语义丰满,还可以使语言富于节律美。

4. 什么是反义词?包括哪些类型?

答:反义词指两个意义相对或相反的词。反义词可以分为两种类型。(1)绝对反义词:反义词A、B互相排斥,互相对立,不允许出现非A非B的中间状态。是A就不是B,不是B就一定是A。(2)相对反义词:反义词A、B并不互相排斥,两词之间还有中间状态。是A就不是B,但不是B也不一定是A。

5. 反义词有哪些作用?

答:(1)运用反义词,形成意思上的鲜明对比,使语言更加深刻有力,更好地揭示事理,鲜明地表达感情。(2)利用反义词成对的特点,形式上构成对偶、仿拟、排比等修辞手段,增强语言的表现力。

二、练习题

1. "干净"有三个义项:①没有尘土、杂质等;②形容说话、动作不拖泥带水;③比喻一点儿都不剩。分别找出每个义项的同义词。

答:① 洁净   ② 干脆   ③ 彻底

2. "开"有多个义项,各义项可能有相应的反义词(如"开门——关门"),试举出"开"在另外几个义项上的反义词。

答:开(口)——闭(口) 开(车)——停(车) 花(开)——花(谢)

3. 辨析下列各组同义词的主要区别。

惦记——惦念 毛病——缺点 气派——气度 仙游——去世
马匹——马   鼓动——煽动 灾难——灾荒 申明——声明

答:意义轻重不同:"惦记"语义轻,"惦念"语义重。
语体色彩不同:"毛病"、"去世"是口语词,"缺点"、"仙游"是书面语词。
搭配对象不同:"气派"可搭配人或事物,"气度"只能与人搭配。

集合与个体不同:"马匹"是集合名词,"马"是个体名词。
感情色彩不同:"鼓动"是中性词,"煽动"是贬义词。
词义范围大小不同:"灾难"词义范围大,"灾荒"词义范围小。
词性方面的差异:"申明"是动词,"声明"是动词、名词兼类词。

4. 综合辨析同义词"产生、发生"的异同点。

答:相同点:都是动词,指不存在的事物出现了。搭配对象都可以是某些抽象的事物,如作用、效力、效果、影响、兴趣、疑问、怀疑、误解、问题、矛盾、差异、变化等。

不同点:(1)意义重心不同。"产生"强调从某一事物中生出新的。"发生"强调出现新事物。(2)搭配对象不同。"产生"的搭配对象范围较广,可以是抽象的事物,如理论、意见、思想、感情、作风等;也可以是某些具体事物,如文字、作品、温度等;还可以是人,如英雄、伟人、作家等。"发生"的搭配对象范围较窄,常是抽象事物,如事件、转折、争论、灾荒等。

5. 指出下列成语中的同义词(语素)或反义词(语素)。

家喻户晓　　你追我赶　　死去活来　　此起彼伏
弃暗投明　　取长补短　　无独有偶　　横冲直撞
博古通今　　东摇西摆　　苦尽甘来　　新陈代谢

答:同义词(语素):家/户、喻/晓、追/赶、冲/撞、博/通、摇/摆。
反义词(语素):死/活、去/来、此/彼、起/伏、弃/投、暗/明、长/短、无/有、独/偶、横/直、古/今、东/西、苦/甘、新/陈。

6. 指出下面各词的反义词,并指明类型。

分散——集中(绝对)　　通俗——艰深(相对)
赞同——反对(相对)　　结婚——离婚(绝对)
利落——拖沓(相对)　　富裕——贫困(相对)
节约——浪费(相对)　　正面——负面(相对)
消失——出现(绝对)　　低落——高涨(相对)

第五节　现代汉语词汇的组成

复习与练习(五)

一、复习题

1. 什么是基本词汇?基本词汇有哪些特点?

答:基本词汇是基本词的总汇,是词汇体系的核心和基础。基本词汇所代表的概念和事物往往与人们日常生活密切相关,在全民语言交际中必不可少。基本词汇有三个主要特点：全民性、稳固性、能产性。

2. 基本词汇和一般词汇的关系是怎样的？

答：基本词汇和一般词汇既相互依存，又相互对立，它们的总和构成了语言的词汇。由基本词派生出来的词绝大多数进入了一般词汇，也有一些基本词随着社会的发展进入一般词汇中。如在古代汉语中，"目、足"都是基本词，在现代汉语中成了一般词汇中的文言词。反之，随着社会的发展，一般词汇中有些词具备了基本词汇的特点后，就进入了基本词汇。如"党、电"在古汉语中是一般词，在现代汉语中已成为基本词。

3. 文言词与历史词的区别是什么？

答：文言词和历史词都是从古代汉语中吸收来的古语词。文言词一般用于特定文体和特殊语境，口语中很少使用。文言词表示的事物、现象在现代生活中仍然存在，但一般情况下，文言词往往被更为通俗、常用的词替代。历史词一般用于叙述历史事物或现象，它们表示的事物、现象在现代社会大多已经不存在了。

4. 什么是方言词？

答：广义的方言词是指各地方言中使用的词，狭义的方言词是指从方言中吸收进普通话的词，如"龌龊、磨蹭、尴尬、别扭、把戏、瘪三、冲凉、搭档、鼓捣、搞定、忽悠、生猛"等。这些词原在方言中使用，各有其特殊的意义，普通话没有相当的词来表达，所以被吸收进来，成为普通话的词汇。

5. 什么是外来词？外来词的引入方式和结构形式主要有哪几种？

答：外来词是从外族语言中吸收进来的词，也叫借词。外来词的引入方式和结构形式主要有以下几种：

（1）音译：用同音或音近的汉字来表示外语词的读音，如"扑克、沙发"等；（2）半音译半意译，把外语词一分为二，音译一部分，意译一部分，如"浪漫主义、冰激凌"等；（3）音译兼意译：整体是音译，同时又是意译，如"可口可乐、迷你"等；（4）音译加汉语语素：整个词音译以后，再加上一个表示义类的汉语语素，如"啤酒、芭蕾舞"等；（5）借形词，绝大多数借用外文简称字母，或在外文简称的基础上加上表示义类的汉语语素；还有一类是直接把用汉字写出来的日语词借用为汉语词，如"经济、支部、手续、高潮、革命、取缔、引渡、服务、场合、人气"等。

6. 什么是行业语？

答：行业语是在各行业和学科中使用的专有词语，其中最典型的是科学术语。行业语是表达各行业、各学科概念的重要手段,缺少它们,无法进行专业交流。

二、练习题

1. 从下列句子中找出外来词、古语词、方言词、行业语。

(1) 同学聚会唱歌,他总是拿着麦克风不放,大家称他"麦霸"。
(2) 有的人长期筑底走不出困局,无法突破自我。
(3) 领导要当好二传手。
(4) 今年,学校举行的圣诞派对非常成功。
(5) 他腰间的手机不断响起,不是来向他取经的,就是来联系业务的,一副踌躇满志的样子。
(6) 医生建议她长期服用维他命,不能吃一顿落一顿。
(7) 今年的省高考状元是我们县有名的才子。
(8) 自从那件事过后,两人见面都会觉得尴尬,渐渐地,竟不常联系了。
(9) 推出产品要把握市场节奏,善于打时间差。
(10) 大家对他所做之事,腹诽甚多。

答:外来词:麦克风/麦、派对、维他命
　　行业词:筑底、二传手、取经、时间差
　　古语词:状元、才子、之、腹诽、甚
　　方言词:尴尬

2. 请分析下列外来词的类型

因特网(半音译半意译)　　　NBA(借形)

逻辑(音译兼意译)　　　　　剑桥(半音译半意译)

柠檬(音译)　　　　　　　　白兰地(音译)

卡介苗(音译加汉语语素)　　瓦斯(音译)

苏打(音译)　　　　　　　　卡片(音译加汉语语素)

蒙太奇(音译)　　　　　　　沙文主义(半音译半意译)

3. 下列在方言中使用的词,哪些已经成为普通话里的词?

哈　坠雨　胰皂　别扭　把戏

俺　陌生　名堂　馍馍　鸡公

答:"名堂、把戏、陌生、别扭"被广泛用于普通话的一般交际,已经成为普通话的词;"哈、俺、坠雨、胰皂、馍馍、鸡公"是不同方言中使用的方言词,还没有成为普通话里的词。

第六节 熟 语

复习与练习(六)
一、复习题
    1. 什么是熟语？
    答：熟语是人们常用的、有特定意义的、定型化的固定短语，主要包括成语、惯用语、歇后语。
    2. 什么是成语？成语有哪些特征？
    答：成语指人们长期习用、书面色彩较强的固定短语。成语结构简洁，含义精辟，多为四字结构，大多有典源。成语的主要特征有以下三点：意义整体化、结构凝固化、风格典雅化。
    3. 什么是惯用语？它与成语的主要区别是什么？
    答：惯用语是指口语色彩浓的短小定型的习用短语，多为三字结构，与成语相比，惯用语通俗有趣，口语色彩浓，语义单纯，甚至较为直白。一些动宾式的惯用语，中间可插入别的成分，如"碰钉子"可以说"碰了一个钉子、碰了一个大钉子、碰了一个软钉子、碰了一个硬钉子、找钉子碰、没什么钉子可碰"。
    4. 什么是歇后语？歇后语有哪些类型？歇后语在形式上与其他熟语有哪些区别？
    答：歇后语是由前后两部分组成的口头固定短语。歇后语可分喻意型和谐音型两类。喻意歇后语的前一部分是比喻，后一部分是对比喻的解释。谐音歇后语的前一部分描述某种事物或现象，后一部分通过谐音双关来表示整个歇后语的实际意义。
    歇后语分前后两部分，前一部分像谜语里的"谜面"，后一部分像"谜底"，是整个短语的真意所在，这使它在形式上与成语、惯用语区分开来。

二、练习题
    1. 指出下列成语的结构。
        攻无不克(主谓)   骨肉相连(主谓)   喋喋不休(偏正)
        令人发指(兼语)   井底之蛙(偏正)   风雨飘摇(主谓)
        平分秋色(动宾)   众志成城(主谓)   三番五次(并列)
        危在旦夕(主谓)   突飞猛进(并列)   附庸风雅(动宾)
    2. 解释下列成语。
    大放厥词：原指极力铺陈辞藻，现在多指夸夸其谈，大发议论(含贬义)。

习焉不察：习惯于某种事物而觉察不到其中的问题。

扬汤止沸：把锅里烧的沸水舀起来再倒回去，想叫它不沸腾，比喻办法不彻底，不能从根本上解决问题。

防微杜渐：比喻在错误或危险萌芽的时候就加以制止，不让它发展。

功败垂成：快要成功的时候遭到失败（含惋惜意）。

党同伐异：跟自己意见相同的就袒护，跟自己意见不同的就加以攻击。原指学术上派别之间的斗争，后用来指一切学术上、政治上或社会上的集团之间的斗争。

摧枯拉朽：摧折枯草朽木，比喻迅速摧毁腐朽势力。

文过饰非：掩饰过失、错误。

沐猴而冠：沐猴（猕猴）戴帽子，装成人的样子。比喻装扮得像个人物，而实际并不是。

不刊之论：比喻不能改动或不可磨灭的言论（刊：古代指消除刻错了的字，不刊是说不可更改）。

救死扶伤：救活将死的，照顾受伤的。

春华秋实：春天开花，秋天结果。后比喻文采和品行学问，或事物的因果关系。

3. 改正下列成语中的错别字。

好高鹜（骛）远　磐（罄）竹难书　饮鸠（鸩）止渴　直接（截）了当
装腔做（作）势　披星带（戴）月　容光涣（焕）发　断章取意（义）
鼓蛊（蛊）惑人心　不骄不燥（躁）　既往不究（咎）　穿（川）流不息

4. 为下列成语找到对应的惯用语。

阿谀奉迎——拍马屁　　充耳不闻——耳边风
徒有虚名——花架子　　夜以继日——开夜车
一丘之貉——一路货　　偃旗息鼓——退堂鼓

第七节　词汇的发展变化和规范

复习与练习（七）

一、复习题

1. 词义的发展变化主要表现在哪些方面？请举例说明。

答：词义的发展变化主要有下列几种情况：

（1）词义的扩大。词所概括的对象范围扩大，如："布"，原指"麻布"，现指"用麻、棉等各种纤维织成的布"。

(2) 词义的缩小。词所概括的对象范围缩小，如："报复"，原指"报恩"或"报怨"，现指"报怨"。

(3) 词义的转移。指称某种对象的词转而表示与之相关的另一种对象，如："闻"，原指"用耳朵听"，转指"用鼻子辨别气味"。

此外，词义的转移也包括感情色彩的转移，如："下流"，原指"地位低下或指处境不好"，为中性色彩；后指"品德恶劣"，转为贬义。

2. 新词的产生方式包括哪些方面？请举例说明。

答：新词的产生主要有以下几种方式：

(1) 用汉语原有的语素和构词方式创造新词。这样产生的新词大多是复合式的，如"主页、走红"。也有用定位语素构成新词的，类似附加式那样，如"全球化"。

(2) 使用缩略方式创造新词。多音节的新词语往往会减缩为双音节的，如"非典型性肺炎——非典、高速铁路——高铁"等。

(3) 吸收方言词和外来词，如"靓"和"克隆"。

(4) 旧词产生新义，也可以看做是广义的新词，如"病毒、下课"等。

3. 新词的规范应注意哪几个方面的问题？

答：一是维护词语的既有规范，避免生造词语或用错已有的词语。二是对普通话中古语词、方言词、外来词等吸收与使用进行规范。

二、练习题

1. 请指出下列新词的产生方式

超编　创汇　笑星　面的　爆棚　中巴　三通
超生　男士　国手　大龄　身份证　短平快　合同工
纯净水　艾滋病　汉堡包　可塑性　程序化　忒

答：(1) 用汉语原有的语素和构词方式创造新词，如"超编、创汇、超生、大龄、身份证、合同工、纯净水"。用定位语素构成新词，如"笑星、男士、国手、可塑性、程序化"。

(2) 使用缩略方式创造新词：如"三通、短平快"。

(3) 吸收方言词，如"忒、爆棚"。引进外来词，如"艾滋病、汉堡包"，有的外来词中的音节渐渐固定为构词语素而且还具有一定的能产性，如"的士"里的"的"又构成"面的、摩的、的哥、的姐"等新词，"巴士"中的"巴"又可构成"中巴、大巴、小巴"等词。

2. 查检《汉语大词典》，指出下列各词的意义是怎么变化的？

菜　江　走　嘴　堡垒　爱人　收获　灌输

菜：本为蔬菜类植物的总称,现在也指肴馔的总称,如川菜、鲁菜、酒菜等。——词义扩大。

江：本来专指长江,后为江河的通称。——词义扩大

走：本指疾趋、奔跑,后指行走、步行。——词义转移

嘴：本指鸟嘴,现泛指人和一切动物、器皿的口。——词义扩大

堡垒：原指部队为防守而筑的坚固建筑物,现在还可以比喻不易攻破的事物或思想顽固的人。——词义扩大

爱人：原来指恋爱中的女性一方,现在指夫妻的任一方。——词义转移

收获：本指收割农作物,后泛指取得成果。——词义扩大

灌输：本指水流注入、输入,后指输送,传授。——词义扩大

3. 下列各组的译名应选用什么词为好？为什么？

(1) log out 登出 注销 乐够 罗欧

答：注销,现在在电脑和网络中比较常用。

(2) sandwich 三文治 三明治 三明次 桑明志

答：三明治,《现代汉语词典》已收。

(3) fans 歌迷 粉丝 凡丝 繁思

答：粉丝,生动有趣,为大众所熟悉。

(4) fashion show 花生骚 花生秀 华盛秀 时装表演

答：时装表演,表义更明确。

(5) chocolate 巧克力 朱古力 巧格力 诸古力

答：巧克力,跟普通话的读音最接近。

4. 下面这些词,你觉得有没有必要把它们吸收到普通话词汇里,哪些是没有必要的,为什么？

(1) 家私（家具）

答：不必引入,因为普通话已有相应的表达方式。

(2) 侃（闲谈、闲聊）

答：有必要引入,因为"侃"的色彩义是普通话"闲谈、闲聊"所不具有的。

(3) 二（傻、愣）

答：可以引入,因为"二"的含义比单纯的"傻"和"愣"更丰富。

(4) 抄手（馄饨）

答：可以引入,因为北方的馄饨和四川的抄手做法不完全一样。

(5) 中（行、成、好）

答：不必引入,因为普通话已有相应的表达方式。

(6) 日头(太阳)

答：不必引入，因为普通话已有相应的表达方式。

(7) 焗(一种烹调方法、因空气不流通而感到憋闷)

答：表示烹调方法时有必要引入，因为普通话里没有相应的表达方式；后一义项普通话可用"憋闷"来表达，所以不必引入。

(8) 洋芋(马铃薯)

答：不必引入，因为普通话已有相应的表达方式。

5. 说说你最近所见到的新词语，跟同学们讨论这些新词语能否流通开来并进入现代汉语词汇系统。（答案略）

第五章 语 法

第一节 语法概说

复习和练习（一）

一、复习题

1. 什么是语法？

答："语法"这一术语有两个意思，一是指客观存在的语法规律，即语言中词、短语和句子的结构规律；二是指语法学，是对客观存在的语法规律进行描写、解释的科学。

2. 简述语法的特性。

答：(1)语法具有抽象性。语法规则是从成千上万个具体的例子中归纳得出的。(2)语法具有稳固性。一般来说，和语音、词汇的变化相比较，语法要缓慢得多，相对较为稳固。(3)语法具有民族性。每种语言都有自己的语法系统，不同语言的语法系统有共同之处，也有个性的差异，个性中的差异往往体现出民族性。

3. 谈谈四级语法单位之间的关系。

答：(1)四级语法单位是语素、词、短语和句子。语素、词、短语是语言的备用单位，属静态单位。句子是语言的运用单位，属动态单位。(2)语素是语言中最小的音义结合体，有的可以单独成词，有的要和别的语素组合才能成词。(3)词和词按语法规则组合成短语。简单短语经过组合可以构成复杂短语。(4)短语或词加句调后可形成句子。句子分为单句和复句。复句由失去完整句调的一些单句组成，例如"我去。"是单句，"我去，你也去。"是复句。句子是具有一个句调、能够表达一个相对完整的意思的语言单位,是最大的语法单位。

二、练习题

分析下列句子的句法成分。

说明:这里划分了层次,每个层次都标明了句法成分。

(1) 牙齿常咬破舌头　(2) 他们都是好朋友

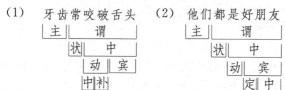

(3) 小李昨天借走了阅览室的杂志

第二节　词类(上)

复习与练习(二)

一、复习题

1. 简述汉语词类的划分标准。

答:在现代汉语中,词类划分的主要依据是词的语法功能,形态和意义是参考依据。

词的语法功能主要是指:(1)词在语句里充当句法成分的能力。一是能否充当句法成分;二是经常充当什么样的句法成分。(2)词与词的组合能力。一是能跟什么词组合,不能跟什么词组合;二是组合以后是什么关系。

现代汉语中的形态包括构形形态和构词形态两种,都不多,所以不能成为划类的主要依据。构形形态包括重叠式和黏附式。构词形态包括少数前缀和后缀。

词的意义,指的是从词的具体意义中概括出来的类别意义。如名词表示人和事物的名称,动词表示动作行为、存在、变化,形容词表示性质和状态等。意义提供词类的直觉知识,但它具有模糊性,有把握不住的时候,因此也不能成为划分词类的主要依据。

2. 详述名词、动词和形容词的语法特征。

答:名词的语法特征:(1)经常做主语、宾语或主语、宾语的中心语。名词一般不做状语,但表时间、处所和方位的名词常常做状语。名词不能做补语。(2)名词一般可以受表示名量的数量短语修饰。(3)名词一般不能受副词修饰。(4)名词一般不能重叠。(5)一部分表人的名词后可附加"们",表复数。

动词的语法特征:(1)动词经常充当谓语或谓语中的中心语。多数动词经常充当动语带宾语。(2)动词能受"不"等副词修饰,但一般不能受程度副词修饰。只有表心理活动的动词和部分能愿动词能够受程度副词修饰。(3)动词后多数可以带"着、了、过",分别表示动作行为持续、完成和经历等语法意义。(4)部分动词可以重叠,表示短时、少量,有时带有尝试的意味。

形容词的语法特征:(1)形容词经常充当谓语、谓语中的中心语和定语。有的形容词可修饰动词做状语。大部分形容词还能直接做补语。(2)表性质的形容词能受"很、太"等程度副词修饰。(3)部分形容词可以重叠,表示程度的加强。

3. 简述区别词和副词的语法特征。

答:区别词的语法特征:(1)区别词只能做定语,修饰名词。区别词除做定语外,本身不能再充当其他句法成分。(2)区别词不能受"很、不"修饰。如果表否定,只能用"非"。

副词的语法特征:(1)副词绝大多数只能修饰动词、形容词,做状语。只有极少数副词还可充当补语。(2)副词一般不能单说,但像"不、没有、也许、有点儿、当然、何必"等少数副词可在省略句中单说。

4. 简述名量词和动量词的差异。

答:名量词为人或物的计量单位,如"寸、米、斤、吨、个、只、名、头、棵、粒、双、对、副、组、套、些、点儿"等,它们与数词结合后,计量人或物,往往做定语修饰名词,也可以代替名词中心语充当主语、宾语等。

动量词为动作行为的计量单位,如"下、场、趟、顿、次、回、遭、遍、番、通"等,它们与数词结合后,计量动作,往往在动后做补语,也可以充当状语等。

5. 代词可分哪几类?怎样认识它的语法功能?

答:代词起代替和指示的作用。按作用可分为三大类:(1)人称代词:对人或事物起称代作用。第一人称为"我、我们、咱们"。第二人称为"你、您、你们"。第三人称为"他(们)、她(们)、它(们)"。此外,人称代词还包括反身代词"自己、自个儿",泛称代词"人家、别人",统称代词"大家、大家伙儿"。(2)指示代词:对人、事物或情况起指别作用。指示代词的基本形式是近指的"这"和远指的"那",在此基础上可以构成"这儿/那儿、这里/那里、这会儿/那会儿、这样/那样、这么样/那么样、这么/那么"。另外,"某、各、每、本、另、别的、其他、其余"等也是指示代词。(3)疑问代词:对人、事物或情况起询问、求代的作用,包括"谁、什么、哪、哪儿、哪里、多会儿、几、多少、怎样、怎么、怎么样、多"等。

代词不是根据语法功能划分出来的,与别的词类有所不同,性质比较特殊。从句法功能方面来看,代词与它所代替的语法单位的功能相当。

二、练习题

1. 比较下列各组中每个词的词性。
   许诺、诺言(动、名)　勇气、勇敢(名、形)　充分、充满(形、动)
   青年、年轻(名、形)　愿望、希望(名、动/名)适合、合适(动、形)
   坚决、决心、决定(形、名、动/名)开心、关心、衷心(形、动、副)
   西式、西方、西化(区、名、动)　平常、日常、经常(形/名、区、副)

2. 标明下列句中画线的词的词性并说明理由。

(1) 天<u>渐渐</u>冷起来了。　(副词,只能做状语。)

(2) 他<u>还</u>在教室里看书。　(副词,只能做状语。)

(3) 自行车他<u>骑</u>出去了。　(动词,能带宾语。)

(4) 你应该<u>努力</u>学外语。　(形容词,能受"很"修饰,不能带宾语。)

(5) 他<u>刚才</u>来过。　(名词,能做状语、介词宾语、定语等,符合时间名词的特点。)

(6) <u>最</u>好听的是这首歌。　(副词,只能做状语。)

(7) 房子<u>上面</u>铺着瓦。　(名词,表示方位。)

(8) 这是一本<u>袖珍</u>词典。　(区别词,只能做定语。)

(9) 老张<u>请</u>我吃饭。　(动词,能带宾语。)

(10) <u>幸亏</u>他来了。　(副词,只能做状语。)

(11) 我们<u>继续</u>开会。　(动词,能带宾语,能做谓语或谓语中的中心语。)

(12) 老板训了他一<u>通</u>。　(量词,能与数词结合起来表示数量。)

(13) 这种情况很<u>正常</u>。　(形容词,能受"很"修饰,不能带宾语。)

(14) <u>逐步</u>改进服务质量。　(副词,只能做状语。)

(15) 我们要赶<u>快</u>行动。　(动词,能做谓语或谓语中的中心语、定语,不能做状语。)

(16) 工程<u>刚刚</u>开始。　(副词,只能做状语。)

(17) 神情木然。　（形容词,能做谓语或谓语中的中心语、定语,能做状语。）
(18) 北风呼呼地叫。　（拟声词,摹拟声音。）
(19) 哦,原来如此。　（叹词,表示感叹。）
(20) 你今年多大？　（代词,问数量。）

3. 指出下列句中"多"的词性。

他的论著很多。　　　　　（形容词）
他又多了一个头衔。　　　（动词）
他精通多种外语。　　　　（数词）
多好的人啊！　　　　　　（副词）
他走了多久？　　　　　　（代词）

4. 汉语各方言中的代词跟普通话可能有不一样的地方,请参照课本中的代词总表,列出自己方言中的代词。（答案略）

5. 有些量词的不规范用法是因为受方言的影响,如有的地方会说"一根裤子、两只人、三间医院"。试举出一些自己方言中与普通话不同的量词或量词用法。（答案略）

第三节　词类（下）

复习与练习（三）

一、复习题

1. 举例说明介词的主要语法特征。

答：介词用在以体词性成分为主的词语之前,构成介词短语,修饰谓词。介词后的词语表示与动作、性状相联系的时间、处所、方式、施事、受事等。介词短语主要做状语,其次做补语,少数情况下做定语,不能做谓语。

2. 举例说明连词的作用。

答：连词的作用是把词、短语或句子连接起来,可以按照连接的对象分成三种情况：(1)连接词或短语的有"和、跟、同、与、并、及、以及"等,如"我和你"。(2)连接句子的有"因为、所以、虽然、但是、如果、要么、否则"等。(3)既可以连接词或短语,也可以连接句子的有"而、或、或者、并且",如"肥而不腻""爸爸想去东南亚旅游,而妈妈想去欧洲"。

3. 常见的助词有哪些类别？各个助词小类有什么特点？

答：助词附着在实词、短语或句子上面表示某种语法意义。常见的助词分以下几类：(1)结构助词"的、地、得",它们分别附在定语、状语和中心语后面,表示定中、状中、中补关系。(2)动态助词"着、了、过",它们一般附在动词、形容词后面,表示动作行为的状态。(3)比况助词"似的、一样、(一)般",它们一般附在动词、形容词、名词性成分后边,构成比况短语。(4)其他助词"所、给、连"等。"所"常附在及物动词前,构成"所"字短语。"给"用在动词前,起加强语势的作用。"连"用在名词性、动词性或形容词性词语前,与"都、也"等相配合,构成"连……都/也……"等格式,标示"连"后为对比焦点。

结构助词、动态助词、比况助词都是后附的,读轻声;而"所、给、连"是前附的,不读轻声。

4. 常见的语气词有哪些?它们分别表达什么样的语气?

答:语气词常用在句末表示语气,也可用在句中主语、状语后头表停顿。常见的语气词主要有"的、了、呢、吧、吗、啊"六个。

"的"主要用于陈述句,如"这事我会记住的。""了"主要用于陈述句和祈使句,如"春天来了。""同学们,上课了。""呢"主要用于疑问句和陈述句,如"帽子呢?""外面正下雨呢。""吧"主要用于祈使句和疑问句,如"你还是去吧。""雨停了吧?""吗"主要用于疑问句,如"他做过志愿者吗?""啊"主要用于感叹句、疑问句、祈使句,如"这孩子多聪明啊!""这是谁买的杯子啊?""别放糖啊!"

二、练习题

1. 请把下列话语中的虚词标出来,并分别填入相应的词类表中。

今天想来,她对(介)我的(助)接近文学和(连)爱好文学,是有着(助)多么有益的(助)影响!像这样的(助)老师,我们怎么会不喜欢她,怎么会不愿意和(介)她接近呢(语)?我们见了(助)她不由得就围上去。即使(连)她写字的(助)时候,我们也默默地(助)看着(助)她,连(助)她握笔的(助)姿势都急于模仿。……

记得在(介)一个夏季的(助)夜里,席子铺在(介)屋里地上,旁边点着(助)香,我睡熟了(助+语)。不知道睡了(助)多久,也不知道是夜里的(助)什么时候,我忽然爬起来,迷迷糊糊地(助)往(介)外就走。

母亲喊住我:"你要去干什么?"

"找蔡老师……"我模模糊糊地(助)回答。

"不是放暑假了(语)么(语)?"

哦,我才醒了(助+语)。看看那块席子,我已经走出六七尺远。母亲把(介)我拉回来,劝了(助)一会儿,我才睡熟了(助+语)。我是多么想念我的(助)蔡老师啊(语)!至今回想起来,我还觉得这是我记忆中的(助)珍宝之(助)一。一个孩子的(助)纯真的(助)心,就是那些在(介)热恋中的(助)人们也难比啊(语)!

(节选自魏巍《我的老师》)

介词	对、和、在、往、把
连词	和、即使
助词	的、着、了、地、连、之
语气词	呢、了、啊、么

2. 试分析下面例子中"了""的""连""和"的不同词性。

了 {
(1) 丹丹做了作业了。(助词、语气词)
(2) 李大爷要休息了。(语气词)
(3) 我把书还了。(助词+语气词)
}

的 {
(4) 我的书都是新买的。(助词、助词)
(5) 他不会开心的。(语气词)
(6) 我是知道的。(助词或语气词)
}

连 {
(7) 他连开三枪,但一枪都没打中。(副词)
(8) 这东西可以连皮吃,不过皮有点涩。(介词)
(9) 连这种事情都做,真是无法无天了。(助词)
}

和 {
(10) 亚楠和她的男朋友都学过俄语。(连词)
(11) 和孙老板接洽的人是马经理。(介词)
(12) 他曾经和我一起去新疆支教一年。(介词)
}

3. 改正下列句子中的错误,并说明理由。

(1) 他一直在进行研究钱钟书。

答:"进行"后不能带动宾短语,删去。

(2) 黄老师夫妇探亲留学国外的女儿去了。

答:"探亲"不能带宾语。可改为"黄老师夫妇到留学国外的女儿那儿探亲去了"。

(3) 大家对完成这次探险非常决心。

答:"决心"是名词,不能做谓语或谓语中的中心语,不能受"非常"修饰,可改为"有信心"。

(4) 他们订出了考试前如何进行复习。

答:"订出"不能带谓词性宾语,只能带名词性宾语,全句后加"的计划"。

(5) 每一个抢险者都获得了格外的荣誉。

答:"格外"是副词,不能做定语,不能修饰名词"荣誉",应改为"特别"之类的形容词。

(6) 对待任何事物我们都不能太主观、偏见。

答:"偏见"是名词,不能做谓语或谓语中的中心语,应前加"带"。

(7) 这辆车在行车中突然故障,导致了交通事故。

答:"故障"是名词,不能做谓语或谓语中的中心语,前面应加"发生"。

(8) 他的手在冬天总是很冰凉。

答:"冰凉"是状态形容词,不能受"很"修饰,删去"很",句末加"的"。

(9) 这些人很聪明,很快就熟练了自己岗位的所需要的知识。

答:"熟练"是形容词,不能带宾语,应改为"熟悉"。

(10) 大蒜价格从四块涨到八块,涨了两倍。

答:"两倍"改为"一倍",倍数含基数。

(11) 关于乒乓球,我就不像足球那样有兴趣了。

答:"足球"前缺少介词,应加"对"。

(12) 他们今天下午打了球和买了东西。

答:"和"是词语连词,不能连接句子,"和"改为","。

(13) 这篇文章无论在取材方面,而且在突出主题方面都做得相当好。

答:"而且"表示递进,这里不能存在这种关系,应改为"还是"。

(14) 你到底要买什么吗?

答:语气词用错,特指问不用"吗",应改为"呢"。

(15) 李明被当选为学校研究生会的主席。

答:不需用"被",删去。

(16) 在学习外语的过程里,我遇到了不少困难。

答:方位词"里"用错,应改为"中"。

(17) 不管他背叛了我,我对他总是恨不起来。

答:连词"不管"用错,应改为"尽管"。

(18) 这台电脑曾经有着不少毛病。

答:"着"用错,应改为"过"。

4. 试举例说明你的方言当中与普通话"着、了、过"相应的动态助词。(答案略)

第四节 短 语

复习和练习(四)

一、复习题

1. 什么是短语?短语能分出哪些结构类型?

答:短语也叫词组,是词和词按照一定的结构方式组合起来的语法单位,它没有句调,是一种造句单位。

按照不同的结构方式,短语可分为多种类型:主谓短语、动宾短语、偏正短语、中补短语,这四种短语的构成成分是两两相对的;联合短语、同位短语、连谓短语、兼语短语,这四种短语的构成都是同类成分连用,其中联合和连谓短语可以是三个甚至三个以上的成分连用;量词短语、方位短语、介词短语、"的"字短语、"所"字短语、比况短语,这六种类型的短语都由某一特定的词或词类加上其他词语构成,这些特定的词或词类也成为这些短语的形式标志。

2. 怎样分析复杂短语?进行层次分析的时候要注意什么?

答:对于复杂短语,既要了解结构层次,又要了解结构类型。我们可以采用层次分析法,从大到小、逐层剖析,一直分析到词为止。

分析复杂短语的层次和关系时,要符合三个要求:第一,切分出来的直接成分都应该是可成立的语言单位,或者是词,或者是短语。第二,切分出来的直接成分应该能够搭配。第三,切分出来的直接成分搭配起来的意义要符合整个结构的原意。

3. 什么是多义短语?多义短语主要有几种类型?怎样分化多义短语?

答:不止一个意义的短语叫多义短语。多义短语主要有三类:第一,由于句法结构关系不同造成的多义短语。第二,由于语义关系不同造成的多义短语。第三,由于句法结构关系和语义关系都不同造成的多义短语。

上面三类多义现象中,第一、第三类可以用层次分析法把它们区分开来,如:

第二类由语义关系不同造成的多义现象,无法用层次分析法来区

分，可采用变换的办法，如"反对的是组长"，可以变换成"是反对组长的"或"是组长反对的"。

二、练习题

1. 指出下面短语的结构类型，如"写得好不好"（中补短语）。

慢走（状中短语）　　　　　一栋大楼（定中短语）
搬开（中补短语）　　　　　严格执行（状中短语）
跳三次（中补短语）　　　　写心得（动宾短语）
把破纸（介词短语）　　　　好得不得了（中补短语）
所学（"所"字短语）　　　　继承并发扬（联合短语）
非常美丽（状中短语）　　　问题解决（主谓短语）
充实内容（动宾短语）　　　两遍（数量短语）
珠江以北（方位短语）　　　那两个（量词短语）
雷鸣般（比况短语）　　　　决定参赛（动宾短语）
校长李国明（同位短语）　　羞答答地唱（状中短语）
学习上（方位短语）　　　　昨天才买的（"的"字短语）
请他辅导（兼语短语）　　　鼓掌欢迎（连谓短语）
老王近视眼（主谓短语）　　你的钢笔（定中短语）
屋子很黑（主谓短语）　　　太可怜（状中短语）
进去找一下东西（连谓短语）　暖和多了（中补短语）

2. 用层次分析法分析下列复杂短语。

（1）老李说你知道这个难题应该怎样解决

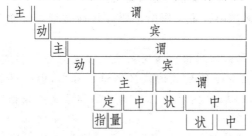

（2）在同学们的帮助下

(3) 这个市场每年为国家缴纳七百万税款

(4) 请获奖的同学给大家谈谈体会

(5) 月亮从云后面慢慢钻出来

(6) 躺着写东西很难受

(7) 去北京路逛街

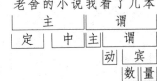

(8) 老舍的小说我看了几本

(9) 美丽神秘的香格里拉对游客具有极大的吸引力
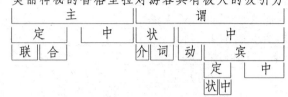

(10) 我的中学同学刘继科去年已经从中山大学毕业了

(11) 树林里跳出两只小松鼠

(12) 她当班主任已经三年了

(13) 这本书是在出版社的书店买的

(14) 最早的麻醉药麻沸散的发明者华佗

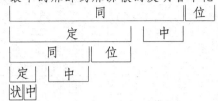

3. 指出造成下面短语多义的原因。
(1) 学习经验（句法结构关系不同）
(2) 撞倒小孩的自行车（句法结构关系和语义关系都不同）
(3) 连主任都打（语义关系不同）
(4) 姐姐和弟弟的朋友（句法结构关系不同）

4. 用层次分析法分化下面的多义短语。
(1) 穿好衣服　　　　　(2) 要复印资料

(3) 几个兄弟院校的代表　(4) 咬死了猎人的狗

(5) 张兰和李桐的同事　(6) 望着远处的学生

(7) 我想起来了 　　(8) 他知道这件事没关系

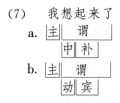
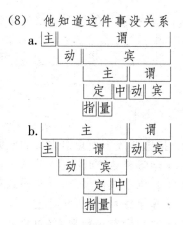

第五节　句法成分

复习和练习（五）

一、复习题

1. 哪些词语可以充当主语、宾语？主语、宾语有哪些意义类型？

答：主语一般由名词性词语充当。当谓词性词语充当主语时，它们的谓语成分一般是由非动作性谓词（含判断动词、形容词等）充当。

宾语常由名词性词语充当。有时，谓词性词语也可以充当宾语。谓词性词语充当宾语时，动语主要限于表心理活动或感知的动词、表言谈的动词、形式动词和起止动词等。

根据主语和谓语的语义关系，可以把主语分为施事主语、受事主语、中性主语三类。施事主语表示发出动作、行为的主体，即施事。受事主语表示承受动作、行为的客体，即受事。中性主语表示非施事、非受事的人或事物，它和谓语之间呈现出多种语义关系。

根据动语和宾语之间的语义关系，可以把宾语分成受事宾语、施事宾语和中性宾语三类。受事宾语表示承受动作、行为的客体。施事宾语表示发出动作、行为的主体。中性宾语表示非施事、非受事的人或事物，它和动语之间呈现出多种语义关系。此外，一些宾语的语义类型很难确定，有待进一步研究。如"吃官司"中的"官司"，"演奏贝多芬"中的"贝多芬"，"闯红灯"中的"红灯"。

2. 哪些词语可以充当谓语？

答：谓语一般由谓词性词语充当。在一定条件下，名词性词语也可以充当谓语。多用于说明人物的籍贯、特征或者节气、节日、天气等。名量短语也可以做谓语，多用于说明人或事物的数量或与数量相关的年龄、价值等。

3. 定语主要有哪些语义类型？多层定语排列顺序的一般规律是怎样的？

答：定语和中心语之间的语义关系多种多样。定语常见的语义类型有：

表示领属：(我)的老师、(衣服)的颜色、(姥姥)的脾气；

表示时地：(去年)的作品、(现在)的情况、(胸前)的徽章；

表示指示区别：(那)时候、(这)地方；

表示数量：(一个)念头、(两张)桌子、(三次)机会；

表示行为(谈过)的事情、(作报告)的嘉宾、(妈妈给我)的钢笔；

表示归属：(属于他)的东西、(是捕食性)的昆虫；

表示内容：(开放式教学)的思路、(两公婆吵架)的小事、(为谁服务)的问题；

表示性状：(粗浅)的想法、(重要)的会议、(白色)的屋顶。

多层定语一般的排列顺序是：领属(他)—时地(去年)—指别(那)—数量(一个)—行为(在教学研讨会上提出的)—归属(属于伦理学范畴的)—内容(以大一学生为对象展开传统道德教育的)—性状(基本)—中心语(构想)。多层定语排列的一般规律可以概括为：定语跟核心名词的语义关系越密切，就越靠近核心名词。有些定语的排列顺序也有一定灵活性，这往往跟语用因素相关。比如"一件刚买的衣服"有时可以说成"刚买的一件衣服"，后者在语用上突出了"刚买的"。

4. 状语主要有哪些语义类型？多层状语排列顺序的一般规律是怎样的？

答：根据与中心语的语义关系，状语可以分为以下不同的语义类型：

表因由(目的、原因或理据)：[为了你]而来、[因这事]埋怨他、[按规则]办事；

表时地：[昨天]发了工资、[现场]办公、[在五楼]开会；

表语气：[确实]不错、[偏偏]出了问题、[居然]输了；

表幅度(范围、频度等)：[都]恢复了、[经常]跑步、[又]发了言；

表否定：[没有]发生、[不]迟到、[别]闹；

表关涉：[对船上货物]进行检查、[冲她]笑了笑、[就人事问题]展开调研；

表情态：[仔细]观察、[认真]准备、[高高兴兴]地回家；

表数量：[一箱箱]地搬进来、[一圈一圈]地跑、[一眼]瞪过去；

表程度:[特别]优雅、[真]可爱、[有点儿]累。

多层状语的排列顺序依次为:表因由—时间—地点—语气—幅度—否定—关涉—情态—数量,例如:工作人员[因为时间原因][昨天][在现场][确实][都][没有][对所有的申请表格][仔细]地[一项一项]地核查。

5. 补语有哪些意义类型?多层补语排列顺序的一般规律是怎样的?

答:补语可分为以下几种语义类型:(1)结果补语,表示动作行为产生的结果。(2)程度补语,表示性质状态的程度。(3)情态补语,表示动作性状呈现出来的情态。(4)趋向补语,表示动作行为的走向、方位,或表示在趋向义的基础上发展出来的引申义。(5)数量补语,表示动作行为的次数或持续的时间。(6)可能补语,由表示能或不能的"得、不得"本身充当补语,表示动作实现的可能性;或是在结果补语或趋向补语和中心语之间加"得/不",表示结果和趋向可能不可能实现。(7)时地补语(介词短语做补语),表示动作行为发生的时间和处所(包括动作的终止地点)。

多层补语的前后顺序相对固定,不太灵活,具有更大的强制性。多层补语的一般排列顺序是:结果补语—时地补语或数量补语—趋向补语。例如"大客车翻〈倒〉〈在距公路面40米的深沟里〉。""一只兔子逃〈向麦田深处〉〈去〉了。"

6. 如何区分宾语和补语?动词后宾语和补语同时出现时,排列顺序的规律是怎样的?

答:补语和宾语都可以出现在动词后面,有时会混淆。动词后出现以下三种词语时,要注意区分它们是补语还是宾语。

(1) 谓词性词语,如"喜欢干净——洗刷干净"。

(2) 数量短语,如"读了三本——读了三遍"。

(3) 表示时间的词语,如"浪费了三天——写了三天"。

第(1)种情况可以用不同的提问方式来判断。"喜欢干净"可以用"喜欢什么"来提问,"干净"是宾语;"洗刷干净"可以用"洗刷得怎么样"来提问,"干净"是补语。

第(2)种情况可以根据量词的类别来判断。"本"是名量词,"三本"做宾语;"遍"是动量词,"三遍"做补语。

第(3)种情况可以用能否换成"把……给……"的格式来判断,或看能否用"什么"对表时间的词语进行提问。"浪费了三天"可以换成"把三天给浪费了",还可以用"浪费了什么?"来提问,所以"三天"是宾语;"写了三天"却不能换成"把三天给写了",也不能用"写了什么?"来提问,所以"三天"是补语。

动词后面同时出现补语和宾语时,一般补语在前,宾语在后,如"我从图书馆借〈来〉了两本小说。"只有数量补语和趋向补语能出现在宾语后,复合趋向补语中间有时还能插入宾语,如"他刚才跑进车间〈去〉了。"

7. 独立语有哪些类型?各自表达什么样的语用意义?

答:独立语可分为插入语、称呼语、感叹语和拟声语四大类。

插入语常常由一些特定的词语充当,主要用来引起对方注意,表示消息来源、推测估计、总结等等。称呼语用来呼唤对方,引起注意。感叹语用叹词表达诸如惊讶、感慨、喜怒等感情,也用于应对等。拟声语用拟声词模拟事物的声音,加强真实感。

二、练习题

1. 指出下面各例中的主语,并说明它所属的语义类型(如"你看"的"你"是施事主语)。

(1) 中华民族(施事)‖曾经创造了光辉灿烂的文化。

(2) 石头(受事)‖已经搬开了。

(3) 金色的太阳(施事)‖从东方升起。

(4) 我们(施事)‖要做好本职的工作。

(5) 依我看,他说的(中性,判断的对象)‖有道理。

(6) 跌倒的(中性,判断的对象)‖是一个老太太。

(7) 天空(中性,描写的对象)‖蔚蓝蔚蓝的。

(8) 这些话(受事)‖说得大家都笑起来。

(9) 一床被子(中性,工具)‖盖两个人。

(10) 他们(中性,描写的对象)‖急得一点办法也没有。

(11) 桥头上(中性,处所)‖站着一个小女孩。

(12) 这个留学生的普通话(受事)‖讲得很好。

2. 指出下面短语中宾语的语义类型(如"看书"的"书"是受事宾语)。

(1) 照黑白照片(受事)　　(2) 照 X 光(中性,工具)

(3) 写黑板(中性,处所)　　(4) 写文章(受事)

(5) 吃大碗(中性,工具)　　(6) 吃面条(受事)

(7) 打电话(中性,工具)　　(8) 打双打(中性,方式)

(9) 起五更(中性,时间)　　(10) 起疑心(施事)

(11) 死了一头牛(施事)　　(12) 跑了一头牛(施事)

(13) 喝西北风(受事)　　(14) 刮西北风(施事)

(15) 得罪了朋友(受事)　　(16) 来了个朋友(施事)

3. 指出下面短语中定语的语义类型(如领属、数量、时间等)。
(1) 院子里的花(处所)　　(2) 昨天的报纸(时间)
(3) 一种野草(数量)　　(4) 长长的条椅(性状)
(5) 秀丽的山村(性状)　　(6) 这家伙(指别)
(7) 小英的歌声(领属)　　(8) 讨论的议题(行为)
(9) 优柔寡断的态度(内容)　(10) 姓刘的老师(归属)
(11) 属于学校的财产(归属)(12) 与观众互动的方式(行为或内容)
(13) 羊城八景(领属)　　(14) 高级精美点心(性状)

4. 下面各例中多层定语的排列顺序有错误,试改正。
(1) 这是恶劣的一种十分严重的倾向。
改为:这是一种十分严重的恶劣倾向。
(2) 上个学期,小勇参与了许多中文系里的活动。
改为:上个学期,小勇参与了中文系里的许多活动。
(3) 那件他的华达呢深灰上衣式样很好。
改为:他那件深灰华达呢上衣的式样很好。
(4) 他是我们学校的英语的优秀的有三十年教龄的教师。
改为:他是我们学校有三十年教龄的优秀英语教师。
(5) 同学们看了一部描写乡村生活的英国的宽银幕故事片。
改为:同学们看了一部描写英国乡村生活的宽银幕故事片。

5. 指出下面短语中状语的语义类型。
(1) 探头探脑地张望(情态)　(2) 明天下午开会(时间)
(3) 处处留心(处所)　　(4) 非常热闹(程度)
(5) 都来了(幅度)　　(6) 又发言了(幅度)
(7) 的确好看(语气)　　(8) 别来了(否定)
(9) 对他好(关涉)　　(10) 五个五个地数(数量)
(11) 为小事吵架(因由)　(12) 向老师敬礼(关涉)
(13) 多么壮观(程度)　　(14) 因病请假(因由)

6. 下面各例中多层状语的排列顺序有错误,试改正。
(1) 小雷都不平时乱从来花一分钱。
改为:小雷平时从来都不乱花一分钱。
(2) 陈老师仔细地在资料室又查了一遍。
改为:陈老师在资料室仔细地又查了一遍。
(3) 他狠狠地便朝那个坏家伙瞪了一眼。
改为:他便朝那个坏家伙狠狠地瞪了一眼。

7. 指出下列句子或短语中补语的语义类型。
(1) 他弟弟出去〈三年〉。（数量补语）
(2) 讲得〈眉飞色舞〉（情态补语）
(3) 我找了他〈五次〉。（数量补语）
(4) 中山大学成立〈于1924年〉。（时地补语）
(5) 搬得〈动〉吗？（可能补语）
(6) 走〈进来〉一个推销员 （趋向补语）
(7) 拿〈不出来〉（可能补语）
(8) 跑〈细〉了腿（结果补语）
(9) 得意得〈很〉（程度补语）
(10) 把意见写〈在留言簿上〉（时地补语）
(11) 大家都笑了〈起来〉。（趋向补语）
(12) 走得〈满头大汗〉（情态补语）

8. 说明下面各例中状语、补语在语义上指向哪个成分。
(1) 歌声唤〈醒〉了沉睡的森林。
答：补语"醒"指向宾语"沉睡的森林"
(2) 小溪边[孤零零]地坐着一个女生。
答：状语"孤零零"指向宾语"一个女生"
(3) 一宿舍的人聊得〈毫无困意〉。
答：补语"毫无困意"指向主语"一宿舍的人"
(4) 飞机炸〈毁〉了平民的房屋。
答：补语"毁"指向宾语"平民的房屋"
(5) 我被这突如其来的事吓〈傻〉了。
答：补语"傻"指向主语"我"
(6) 老大爷[脆脆]地炒了一盘花生米。
答：状语"脆脆"指向宾语"一盘花生米"

9. 指出下面各例中的独立语,并说明它们的语用意义。
(1) 这人的背景很复杂,据了解。（表消息来源）
(2) 她的诗歌特别是她后期的诗歌,突破了传统形式上的束缚,模糊了书面语和口语的界限。（表肯定或强调）
(3) 对这事的处理,丘总,我有不同意见。（表称呼）
(4) 到了这种地步,你看,我还能怎么办？（引起对方的注意）
(5) 哦,意见还不少呢！（表感叹）

(6) 说真的,我不是故意为难你。(表话语性质、范围)

(7) 叽叽喳喳,鸟儿在树梢上嬉戏。(表拟声)

(8) 大家提出的方案,不瞒你说,都很难实现。(表话语性质、范围)

(9) 老李,你明天来我们公司上班吧。(表称呼)

(10) 总的来说,优点是突出的,但缺点也是明显的。(表总括)

(11) 从短期看来,这次金融风暴一定会影响到我们旅游业。(表话语性质、范围)

(12) 哗,哗,哗,瀑布离我们越来越近了。(表拟声)

(13) 问题看起来还挺严重呢。(对情况的推测与估计)

10. 用层次分析法分析下面两组短语,并说明它们之间的结构差异。

(1) 一件白色男式纯棉短袖衬衫　　鲁镇的酒店的格局的特点

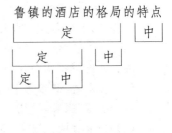

前者为带多层定语的短语,后者为带复杂定语的短语。

(2) 在会议上流利地用英语演讲　　相当耐心地解答

前者为带多层状语的短语,后者为带复杂状语的短语。

第六节　单　句

复习和练习(六)

一、复习题

1. 什么是句子?单句和短语有什么区别?

答:句子是具有一个句调、能够表达一个相对完整的意思的语言单位。句子包括单句和复句。单句往往由短语构成,但比短语多一些成分,如语调、语气,独立语等。句子也有一些变化是短语没有的,如句子内部成分可以省略和倒装。

2. 什么是句型？它可以分为几类？

答：句型是按照句子的结构特点对单句所作的分类。根据是否能够分出主语和谓语,单句可分为主谓句和非主谓句两种句型。主谓句如"我来了。"非主谓句如"快跑！"

3. 名词性谓语句有哪些特点？

答：名词性谓语句的谓语都是由名词性词语充当的。这类句子的谓语往往限于说明人物的籍贯("他广东人。")、特征("小芳圆脸。")或者说明时间("今天十八号。")、天气("今天多云。")、类属("西瓜沙瓤的。")、数量("他才十八岁。")等。名词性谓语句的句子形式较短,且一般是肯定形式。

4. 举例说明什么是非主谓句。

答：非主谓句指不能分析出主语和谓语的单句。由动词性词语构成的是动词性非主谓句,如"不许动！"由形容词性词语构成的是形容词性非主谓句,如"太美了！"由名词性词语构成的是名词性非主谓句,如"蟑螂！"由叹词或拟声词构成的叫叹词句或拟声词句,如"哎呀！""哗啦！"这些句子都不能分析出主语和谓语。

5. 举例说明主谓谓语句有哪几种类型。

答：主谓谓语句是指由主谓短语充当谓语的句子。根据大主语与小主语或谓语之间的语义关系,主要分为五种类型：

(1)大主语是受事,小主语是施事。如"这花他每天浇一次。"(2)大主语是施事,小主语是受事。如"他什么困难没经历过。"(3)大主语和小主语之间有领属关系。如"这件衣服领子很好看。"(4)句子的谓语里有复指大主语的成分。如"那位师傅我早就认识他了。"(5)大主语表示谓语动作行为关涉的对象,如"房屋拆迁的赔偿问题政府有明文规定。"

6. 举例说明"把"字句的特点。

答：(1)"把"构成的介词短语做状语的句子是"把"字句。如"师傅把车修好了。"大多"把"字句表示"处置"义。(2)"把"字句中的核心动词一般不会是单个动词,如一般不说"把东西拿"。(3)"把"引出的词语一般指已知、特定的人或事物,如"你把鞋子脱了吧！"中的"鞋子"是听说双方都知道的那双鞋子。(4)助动词或否定词要放在"把"前,如说"我能把这块大石头举起来。"(5)"把"字句中的核心动词一般是表示处置的及物动词,如"我把苹果吃了。"中的"吃"是及物动词,"吃"

的受事是介词"把"引出的宾语"苹果"。

7. 举例说明"被"字句的特点。

答：(1)典型的"被"字句中，主语表示受事，"被"后的名词性词语表示施事，如"我被老师批评了一通。"(2)"被"字句的核心动词一般不能是单个动词，如不能说"衣服被雨淋。"要说"衣服被雨淋湿了。"(3)"被"字句的主语一般指已知、特定的人或事物。如上例的"衣服"是听说双方都知道的。(4)助动词或否定词、时间副词一般要放在"被"字前，如"这些衣服可能被雨淋湿了。""这些衣服没有被雨淋湿。""这些衣服刚被雨淋湿了。"(5)"被"字也能直接附于单个动词前，或构成"被……所"格式，如"手机信号经常被干扰。""我一直被失眠所困扰。"

8. 举例说明存在句和隐现句的特点。

答：存在句表示何处存在何物，有静态、动态之分，如"台上坐着主席团。"和"水面冒着白色的水蒸气。"前一句表静态，句中动词含有"某物（人）附着于某处"的意思，可以变成"主席团坐在台上。"后一句表动态，表示的是动作的进行状态，不能变成"白色的水蒸气冒在水面上。"

隐现句表示何处出现或消失何人或何物，如"树上掉下一只苹果。""监狱里跑了一个犯人。"隐现句动词后常出现助词"了"或趋向补语。

存在句和隐现句的宾语一般表示未知的、不确定的人或物，宾语的中心语常有数量短语修饰。

9. 连谓句中前后谓词性词语之间的关系有哪几种类型？

答：主要有时间的、逻辑的、认知的三种先后次序关系，如"他把小手放到嘴里尝了尝。"中，"放到嘴里"和"尝"存在客观上的时间先后关系；"大家纷纷举手表示赞同。"中，"表示赞同"是对"举手"这一动作的解说，之间存在逻辑上的先后关系；"别揣着明白装糊涂啦。"中，"揣着明白"是"装糊涂"的陪衬，突出部分在后，符合认知的先后次序。

10. 举例说明兼语句的特点。

答：兼语句是兼语短语充当谓语或直接成句的句子。兼语短语也是谓词性成分连用，但它是由动宾短语和主谓短语套叠在一起构成的，动宾短语的宾语兼做主谓短语的主语。如"我让他来找你"中的"他"兼做"让"的宾语和做"来找你"的主语，因而"他"是句中的兼语。

11. 举例说明双宾句的特点。

答：(1)双宾句的动语限于某些特定语义类别的动词，如表示给予、取得、询问、称呼等意义的动词，例如"我给他一支笔。"中的"给"、"我送她玫瑰。"的"送"、"我问你话。"的"问"、"我叫他叔叔。"的"叫"

等。(2)双宾句中的近宾语往往是一个词,一般不带修饰语;远宾语可以是一个词,也可以是带修饰语的定中短语,甚至是更复杂的成分,如"老师教我们如何战胜困难。"中,"我们"是近宾语,"如何战胜困难"是远宾语。(3)近宾语和远宾语之间常常可以停顿,如"历史的教训告诉我们,落后就要挨打。"

12. 怎么表达差比?怎么表达等比?

答:(1)典型的差比句是"比"字句,其表达方式是用介词"比"引进比较的对象,组成介词短语做状语,如"师傅比我更懂得如何做人。"差比句还有用否定形式"没(有)、不如"来表达的,如"我们这儿冬天没有上海冷。"

(2)等比的表达方式是用介词"和、跟、同、与"引进比较的对象,比较对象后面有"一样、一致、相同"等词语。等比句中的比较对象与前面的主语所表示的性质、特点相近或者相同。如"我跟他一样,都爱吃面。"

13. 核心分析法与层次分析法有何异同?

答:两种分析法都可以分析句子,主要异同在于:(1)层次分析法是纵向立体的,以阶梯式的图示来呈现;核心分析法大体上是横向线性的,以符号式的图示来呈现。(2)层次分析法要求分析到词为止,核心分析法不一定要分析到词。(3)核心分析法从某种意义上,也可以看成是层次分析法的一种简化。

二、练习题

1. 下列句子哪些是主谓句,它们的谓语由什么性质的词语充当?哪些是非主谓句,由什么性质的词语构成?

(1) 蛇!(名词性非主谓句)

(2) 禁止入内!(动词性非主谓句)

(3) 我们约会吧!(动词性谓语句)

(4) 这衣服太漂亮了!(形容词性谓语句)

(5) 真麻烦!(形容词性非主谓句)

(6) 这虾二十块钱。(名词性谓语句)

(7) 我的天!(名词性非主谓句)

(8) 喵,喵,喵!(拟声词句)

2. 指出下列主谓谓语句中大主语与小主语或大主语与谓语成分之间的语义关系。

(1) 这位姑娘眉毛弯弯的。(领属关系)

(2) 田先生毛笔字写得好。(大主语施事,小主语受事)

(3) 那么多困难他都一个人克服了。(大主语受事,小主语施事)

(4) 护士态度很温和。(领属关系)

(5) 西兰花菜农已收割完毕。(大主语受事,小主语施事)

(6) 老雷一个字也没透露。(大主语施事,小主语受事)

(7) 那么好的人你怎么看不上他。(谓语里有复指大主语的成分)

(8) 停车难的问题我们一定会想办法解决。(大主语为谓语动作行为关涉的对象)

(9) 老杨这样的大厨红烧鱼算得了什么。(大主语为谓语动作行为关涉的对象)

(10) 兄弟两个谁也不服谁。(谓语里有复指大主语的成分)

3. 兼语句与主谓短语做宾语的句子有什么不同？请通过下面两个句子来说明。

答:"我派他去北京"是兼语句,"我希望他去北京"是主谓短语做宾语的句子。两者的区别是:(1)停顿处和加状语处不同。在第一个动词"派"后,兼语句不能有停顿,也不能加状语,而"希望"后可以。(2)第一个动词即"派"和"希望"的性质不同。"派"有使令含义,"希望"有感知或认识的含义。

4. 请改正下列句子中的错误,并说明理由。

(1) 我已经和梁经理商量好了,把你们公司的产品购买。

答:"购买"改成"都买了"。"把"字句的核心动词一般不是单个动词。

(2) 一件事被上级知道了。

答:"一件事"改为"这件事"或"那件事"。"被"字句的主语一般要求是已知、特定的人或事物。

(3) 这条短信被他们没有删掉。

答:"被他们没有"改为"没有被他们"。否定词应放在"被"之前。

(4) 我把他们能一个一个地全赶走。

答:"我把他们能……"改为"我能把他们……"。"能"等助动词应放在"把"字前。

(5) 今天请大家把这首歌唱,我们明天再讨论要唱的第二首歌。

答:"唱"改为"唱完"。因为"唱"为单个动词,"把"字句的核心动词一般不能是单个动词。

5. 把下列句子按照括号内的要求进行改写。

(1) 这笔钱我还他。(改成双宾句)

答:我还他这笔钱。

(2) 老太太的情绪不稳定。(改成主谓谓语句)
答：老太太情绪不稳定。
(3) 一只青蛙从小池塘里跳出来。(改成存现句)
答：小池塘里跳出来一只青蛙。
(4) 老林被他说服了。(改成"把"字句)
答：他把老林说服了。
(5) 她把这匹马调教得很好。(改成"被"字句)
答：这匹马被她调教得很好。
(6) 关于培训的具体时间,我们还没有确定下来。(改成主谓谓语句)
答：培训的具体时间我们还没有确定下来。
(7) 唐代有个诗人。这个诗人叫李白。(改成兼语句)
答：唐代有个诗人叫李白。
(8) 他走过去。他倒了一杯酒。他喝了一口。(改成连谓句)
答：他走过去倒了一杯酒喝了一口。
(9) 这儿的网速比家里快。(改成等比句)
答：这儿的网速跟家里的一样快。

6. 用核心分析法分析下列单句。
(1) [不久],(被雷劈中)的(那棵)(大)树[又]长〈出〉了(嫩绿)的新芽。
(2) 我习惯喝咖啡不放糖。
(3) (对方)的后卫[把球]踢〈进〉了(自家)球门。
(4) 请大家安静〈一点〉。
(5) (新来)的队友告诉我 他也是从新疆建设兵团出来的。
(6) (这位)老大娘说不定[还][会]送你(一双)(绣花)鞋呢。
(7) 你去办公室打电话叫快餐店送(十二份)盒饭〈来〉。
(8) (这个)没良心的!
(9) 海上升〈起〉(一轮)明月。
(10) 关山月,(广东)阳江人。
(11) (细心)的(室友)姚萌看〈出〉了(陈晓澜)的心思。
(12) 我深知老师的心理压力比我们还大。
(13) (他们)厂[上个月][从欧洲]购〈进〉了(一批)(先进)设备。
(14) [在下次董事会上],[一定][得]拿〈出〉个让大家都满意的新方案〈来〉。
(15) 有(一种)爱叫放手。

第七节 单句的运用

复习与练习(七)

一、复习题

1. 举例说明句子的语气类型有哪几种。

答：句子的语气一般分为陈述、疑问、祈使和感叹四种，它们是通过语调或者语气词等手段表现出来的，如"昨天下雨了。（陈述）"、"昨天下雨了吗？（疑问）"、"快下点儿雨吧！（祈使）"、"哎呀！下雨了！（感叹）"。

2. 举例说明疑问句的类型有哪几种。

答：疑问句有特指问、是非问、选择问和正反问四种。

（1）特指问是用疑问代词代替未知部分即疑问点，答问时针对疑问点来回答，如"你为什么不来？"

（2）是非问是在句末用语气词"吗""吧"或上升语调提出疑问，要求对方作肯定（"是"）或否定（"非"）回答，如"今天是你的生日吗？"

（3）选择问是提出两个或者两个以上的选项，让对方选择作答，如"你晚上吃米饭还是吃面？"

（4）正反问是谓语内用肯定（正）、否定（反）的并列式提问，让对方作肯定或否定的回答，如"广州你去不去？"

3. 什么是反问句？反问句和一般的疑问句有什么区别？

答：疑问句形式有时也可以不表达疑问语气，而表达否定或肯定的口气，这种无疑而问的句子是反问句，如"人家主动帮你有什么不好？"反问句的形式和内容相反，即以肯定的形式（无否定词）表示否定，或以否定的形式（有一个否定词）表示肯定。一般疑问句都是有疑而问。

4. 什么是省略？它与隐含有什么区别？

答：在一定的语境里，根据语用需要，说话时往往会省略一些听说双方都清楚的成分。如果离开了相应的语境，意思就会不清楚，必须补出被省略的成分才行，而且只有一种补出的可能，这种情况就是省略。与省略不同，隐含是句中的成分无法准确补出或补出的可能性不止一种，但听说双方都能感觉到这个成分的存在。

5. 举例说明什么是倒装。

答：为了语用的需要，在句子中特意改变句子成分的次序，如把主语放在谓语后，定语、状语放在中心语后，这种语用手段叫倒装。如"钥匙忘了带，我！""下课了，都。""我要苹果，大的。"

6. 常见的句子错误有哪几种类型？

答：常见的句子错误有四种类型：(1)搭配不当,包括：主语和谓语搭配不当,动语和宾语搭配不当,定语、状语、补语与中心语搭配不当,主语和宾语意义上不能搭配。(2)成分残缺和多余。(3)语序不当,包括：定语、状语和中心语的位置用错,定语、状语位置用错,多层定语、状语语序不当等。(4)句式杂糅,包括两种说法混杂、前后牵连等。

二、练习题

1. 请按要求改动以下句子。

(1) 我一定会去！（改成双重否定句）

答：我不会不去。

(2) 买黄金比买美元强。（改成反问句）

答：买黄金不比买美元强吗？

(3) 能让一让吗？（改成祈使句）

答：请让一让！

(4) 他才十二岁！（改成倒装句）

答：他十二岁,才！

(5) 我吃了榴莲以后,我觉得榴莲不好吃。（改成省略句）

答：我吃了榴莲以后,觉得不好吃。

2. 以下句子存在错误,请改正并说明理由。

(1) 狗能嗅出爆炸物,是经过战士们的长期训练而获得的。

改为：狗能嗅出爆炸物这一能力,是经过战士们的长期训练而获得的。（缺少与"获得"搭配的词语）

(2) 他们最终选择放弃了进军手机业务。

改为：他们最终(选择)放弃了手机业务。（"进军"与宾语"业务"不搭配）

(3) 大家怀着一颗敬佩的心情去医院看望受伤的勇士。

改为：大家怀着敬佩的心情去医院看望受伤的勇士。（"一颗"不能修饰"心情"）

(4) 这是一个无疑的英明决策。

改为：这无疑是一个英明的决策。（语序不当,"无疑"应放在状语位置上）

(5) 那里有肥沃的大片土地。

改为：那里有大片肥沃的土地。（语序不当,"肥沃的"应放在"土

(6) 大家高兴得把他送走了。

改为：大家高兴地把他送走了。（"得"为补语标记，此处应用状语标记"地"）

(7) 对这种严肃的问题，你应该稍微深思熟虑一下以后再发表意见。

改为：对这种严肃的问题，你应该深思熟虑以后再发表意见。（"稍微""一下"多余）

(8) 我们为大学生安于学习而欣慰。

改为：我们为大学生安于学习而感到欣慰。（"欣慰"前缺少动语）

(9) 迎面吹来的一阵寒风，不禁使我打了寒噤。

改为：迎面吹来的一阵寒风，使我不禁打了寒噤。（语序不当）

(10) 对于网络用语应该如何规范的问题上，我们曾经展开了激烈的争论。

改为：在网络用语应该如何规范的问题上，我们曾经展开了激烈的争论。（"对于……上"搭配不当）

(11) 博而专的知识积累是我们能否写出好文章的关键问题。

改为：具有博而专的知识积累是我们写出好文章的关键。（"积累是……问题"搭配不当；"能否"是两种情况，主语只是一种情况，搭配不当）

(12) 泰和豆豉相传原产于江西泰和镇而得名。

改为：泰和豆豉相传原产于江西泰和镇。（句式杂糅）

第八节 复句

复习与练习（八）

一、复习题

1. 什么是复句？主要有哪些类型？

答：复句由两个或两个以上的分句再加上一个贯穿始终的句调构成。复句可以按分句间的逻辑语义关系分成两大类：一类是联合复句，各分句间意义上平等并立、无主从关系；另一类是偏正复句，各分句间意义上不平等并立、有主从关系，有正句和偏句之分。联合复句包括并列、顺承、解说、选择、递进。偏正复句包括条件、假设、因果、目的、转折。

2. 什么是多重复句？怎样分析多重复句？

答："重"就是层次，"多重复句"就是不止一个层次的复句。分析多重复句，确定它的层次和关系，有三个要领：(1)逐层剖析。总观全句的意思，看整个句子应如何分成两个或几个构成部分，找出第一层次，用"|"标明，并确定整体关系。然后在"|"的左边或右边寻找第二层次、确定关系。这样逐层切分，一直切分到单个分句为止。(2)据标判别。根据关联词语来判定每个层次上是什么关系。有时分句间没有用关联词语，可尝试添加典型关联词语来帮助判断。(3)化繁为简。要善于把复杂形式化为简单形式，这样便于确定多重复句的内部层次和每一层次上的关系。

3. 举例说明什么是紧缩句。

答：由分句与分句紧密联结而成的复句是紧缩复句。"紧"是指分句与分句之间没有语音停顿；"缩"是指缩减了某些成分。比如紧缩句"我一见你就想笑。"可视为复句"我一见你，我就想笑。"的紧缩。

4. 复句中常见的错误有哪些？

答：复句中常见的错误有两类：(1)分句间语义关系不合逻辑；(2)关联词语使用不当。前者如"他的讲话虽然不长，但脉络非常清晰。"两个分句之间并不存在转折关系。后者如"既然你是一个公务员，所以应该遵纪守法，不能搞特殊化。""既然"跟"所以"不搭配。

二、练习题

1. 用线性图示的方法分析下列多重复句。

(1) 有两只小鸡争着饮水，(顺|承)蹬翻了水碗，(顺‖承)往青石板上一跳，(顺‖承)满石板印着许多小小的"个"字。

(2) 他不但细心听取了我们的意见，(递|进)而且立刻通知组内成员前来商量，(递‖进)态度甚至比我们还要积极。

(3) 我们很多人写文章时没有几句生动活泼、切实有力的话，(并|列)只有死板板的几条筋，(解‖说)像瘪三一样，(解‖‖说)瘦得难看，(并‖‖列)不像一个健康、有活力的人。

(4) 我们无论评价什么样的历史人物，(条‖‖件)都必须全面地看待，(解‖说)不但要看到他们的历史功绩和贡献，(递‖‖进)而且要看到他们的过失和负面影响，(条|件)否则，就不可能作出全面、客观的评价。

(5) 这座桥分上下两层，(解|说)上层是公路桥面，(解‖‖说)可容纳六辆卡车并排通过，(并‖列)下层是铺设双轨的复线铁路，(解‖‖说)

铁道两侧还有人行道。

(6) 虽然是满月,(转‖折)天上却有一层淡淡的云,(因‖‖果)所以不能朗照;(转|折)但我以为这恰是到了好处——(解‖说)酣眠固不可少,(转‖‖折)小睡也别有风味。

(7) 有的人能力很强,(转‖折)可是他无心干事,(并‖‖‖列)不负责任,(因‖‖果)结果,工作效率很低;(并|列)有的人尽管工作能力较弱,(转‖折)可是他全力投入,(并‖‖‖列)勤奋工作,(并‖‖‖列)不断总结经验,(因‖‖果)结果,工作成绩反倒超过能力很强的人。

(8) 每个人都有一条属于自己的路,(解‖说)或者平坦,(选‖‖‖择)或者艰险,(并‖‖列)或者漫长,(选‖‖择)或者短暂;(并|列)每个人的爱情经历都是值得回味的,(解‖说)或者甜蜜,(选‖‖‖择)或者苦涩,(并‖‖列)或者如愿,(选‖‖‖择)或者遗憾……

(9) 我两手空空,(转|折)既不愿让悲鸿知道,(目‖‖的)以免他焦急,(并‖列)又不愿开口向人求助。

(10) 月儿在云中穿行,(并|列)船儿在湖中荡漾,(并|列)风儿拂面而来……

2. 修改下列病句,并说明理由。

(1) 对于我们来说,只有学好外语,才能掌握科学技术,赶上世界先进水平。

改为:对于我们来说,只有学好外语,掌握科学技术,才能赶上世界先进水平。(原句语义关系不合逻辑)

(2) 我国发明的指南针,不仅促进了世界文明的发展,而且在航海事业中也很有实用价值。

改为:我国发明的指南针,不仅在航海事业中很有实用价值,而且促进了世界文明的发展。(原句语义关系不合逻辑,"促进了世界文明的发展"比"航海事业中的很有实用价值"重要)

(3) 尽管你有多大的本领,也不能改变自然规律。

改为:不管你有多大的本领,也不能改变自然规律。(原句关联词语使用不当)

(4) 这本书虽然大致翻一下,也要花相当多的时间。

改为:这本书即使大致翻一下,也要花相当多的时间。(原句关联词语使用不当)

(5) 不管是上大学深造,还是在工作岗位上自学,也有可能提高知识水平。

改为:不管是上大学深造,还是在工作岗位上自学,都有可能提高

知识水平。（原句关联词语使用不当）

（6）行行出状元，不管哪一个行业也好，都会涌现出一批拔尖的人才。

改为：行行出状元，不管哪一个行业，都会涌现出一批拔尖的人才。（原句"也好"使用不当）

（7）为了学好外语，不管收听外语广播有很大的困难，他们还是坚持听下去。

改为：为了学好外语，尽管收听外语广播有很大的困难，他们还是坚持听下去。（原句关联词语使用不当）

（8）尽管出现什么情况，老先生热爱家乡，资助家乡办学的精神，总是值得大家称赞的。

改为：不管出现什么情况，老先生热爱家乡，资助家乡办学的精神，总是值得大家称赞的。（原句关联词语使用不当）

（9）不论环境恶劣，情况复杂，他们总是能够想方设法把情报及时送出，一次次出色地完成任务。

改为：不论环境再恶劣，情况再复杂，他们总是能够想方设法把情报及时送出，一次次出色地完成任务。（原句"不论"后的"恶劣""复杂"前缺少修饰语，造成句子语义关系不合逻辑）

（10）可怜的小狗奄奄一息地趴在地上，满身伤痕，慢慢地停止了呼吸，无力呻吟。

改为：可怜的小狗满身伤痕，奄奄一息地趴在地上，无力呻吟，慢慢地停止了呼吸。（原句语义关系不合逻辑）

（11）这个作品构思极其大胆，而且一般的人不大容易理解和接受。

改为：这个作品构思极其大胆，一般的人不大容易理解和接受。（后一分句没有递进的意思，不能用"而且"）

（12）他在业余时间看了许多小说，常常和朋友们一起讨论新出版的文艺作品，因此，成了业余作家。

改为：他在业余时间看了许多小说，常常和朋友们一起讨论新出版的文艺作品，成了业余作家。（"成了业余作家"不是前面内容的结果，语义关系不合逻辑，因而把"因此"删去）

第六章 修 辞

第一节 修辞概说

复习与练习(一)
一、复习题
  1. 什么是修辞？修辞的目的是什么？
  答：修辞是在具体的语境中，恰当地运用语言材料，选择合适的表达方式，以获得理想表达效果的一种言语活动。
  修辞的目的就是为了取得理想的表达效果，所谓理想的表达效果就是在具体的语境中，表达者准确完整地传递出自己的意图，接受者也准确完整地接收并理解了表达者的意图。
  2. 取得理想表达效果的关键是什么？
  答：修辞过程中，语言材料和表达方式的选择，应该做到准确、恰当、得体，这是取得理想表达效果的关键。
  3. 什么是语言语境？什么是非语言语境？它们跟修辞的关系是怎样的？
  答：语境可分为语言语境和非语言语境。语言语境也称上下文语境，是指词语、句子、句群等出现时所有上下文构成的语境。非语言语境指的是除上下文之外的其他影响语言表达的因素，包括交际双方、交际方式、时空环境和社会文化环境等。
  语言运用得好不好，恰当不恰当，其实是对具体语境而言的。脱离了具体语境，修辞效果就无从谈起。一方面，语境对语言表达具有制约作用；另一方面，利用某种语境来进行修辞活动，可以增强语言表现力。

第二节 语音修辞

复习与练习(二)
一、复习题
  1. 什么是押韵？什么是韵脚？
  答：把两个以上韵母相同或相近的音节有规律地放在诗词歌赋等韵文语句的同一位置上，前后呼应配合，使声音和谐悦耳，这种现象叫做押韵。由于押韵的位置大都在句末，因此，一般把押韵的音节叫"韵脚"。

2. 什么是平仄？平仄的调配能产生什么样的修辞效果？

答：古代汉语的声调分为平、上、去、入四声，简分为平仄二声，平声属平，上、去、入声属仄声。现代汉语的声调分为阴平、阳平、上声、去声四种，阴平、阳平合称平声，上声、去声合称仄声。一般来说，平声声音高昂、悠长，仄声声音曲折、低抑、短促。平仄的调配是指连续的音节之间声调要有高低抑扬的变化。如果能够做到声调协调，平仄相间，就会产生抑扬顿挫、高低起伏的声音效果，从而构成错落有致、节奏鲜明的韵律，大大增强语音的音乐性。

3. 音节的配合能产生什么样的修辞效果？

答：音节配合得恰当对于形成听觉上的语音美感是一个重要的因素。语言中的节奏是通过音节的配合来实现的。音节调配整齐，整体上节奏鲜明、行文流畅。相配的声音显得平稳协调、匀称整齐。音节匀称，节奏感强，易记易传。音节整齐一致，富有音乐美。不但有助于语义的表达，而且能使语音更加优美动听。音节调配所要达到的效果是音节协调，使人说起来顺口，听起来悦耳。

4. 举例说明双声、叠韵、叠音、拟声各有什么样的修辞效果。

答：双声、叠韵凭借相同的语音成分的再现，作用于人的听觉器官，给人以回环复沓之感。双声犹如贯珠相连，宛转动听；叠韵犹如两玉相叩，铿锵悦耳。如：

森林说：雨后我是刚发掘的武库
嫩绿的刀锋与柔韧的盾牌从地心冒出
田野说：雨后我是刚启封的酒坛
泛起金铃般、银铃般的芳馥　　　　　（高伐林《雨后》）

在这两段诗中，"柔韧"和"芳馥"都是双声，"金铃"和"银铃"都是叠韵。这些富有音乐性的语言更加深情地抒发了作者对雨后的森林和田野清新醉人、生机盎然景象的赞美之情。

恰当地运用叠音，能使语言的形式和声音的节奏更加整齐、和谐，既能和外物的特征情态相一致，也能和言者的心情相合拍。如：

天苍苍，野茫茫，风吹草低见牛羊。　　　　（《敕勒歌》）

这里的叠音词"苍苍""茫茫"，生动形象地描写出了草原景物的色调。又如：广告语"潇潇洒洒特丽雅，漂漂亮亮伴一生"中的"潇潇洒洒""漂漂亮亮"除具有突出语义的作用外，还大大增强了语言的形式美、音乐美和感染力。

拟声的作用，一是使表达绘声绘色，让听者和读者感受到事物的生动性和形象性。如：

"啪、啪、啪"一个比较清晰的脚步声由远而近,在他面前停住了。

(连建明《偶然》)

　　这里用了摹声词"啪、啪、啪",形象逼真地描绘了人走路的声音,它能唤起人们的听觉想象,让人觉得仿佛置身于当时的情境中,收到了声情并茂的效果。二是可以增强语音形式美。简单地说,拟声能使听者和读者在如闻其声、如临其境的同时,得到音律、节奏等方面的审美享受。如:

　　　　车辚辚,马萧萧,
　　　　行人弓箭各在腰。　　　　　　　　　(杜甫《兵车行》)

　　这些摹声词,能使听读者在感受如闻其声、如临其境的意境的同时,得到音律或节奏等方面的形式美的欣赏。

　　5. 举例说明谐音的修辞作用。

　　答:谐音不但具有复沓回环之美,而且具有浓厚的情趣。以声诱人,营造出诙谐反讽的效果,给观众和读者留下深刻印象。如:

　　　　石首,为何再度"失守"?　　　(中央电视台《新闻1+1》)

　　新闻内容讲的是湖北石首一名厨师的非正常死亡引起了当地的群众性事件。"石首"与"失守"谐音,巧妙地利用谐音将地名与所发生的事件联系起来,给人听觉上造成冲击力,达到形式和内容上的完美统一。

　　谐音还能充分体现汉民族的求吉避凶,重委婉、忌直言的文化心理。如:有的地方每逢佳节时,喜欢吃汤圆,意为"团圆"等等。有时人们会遇到一些从感情上或习惯上不希望接受的事情,这时就要采取回避遮掩的方式,不直接说出表示该事物的词语,甚至与该事物谐音的词语也要避讳,改用其他相关的词语。如沿海渔民或船家忌说"沉"字,因为"沉"和"沉船"的"沉"同音同字,因此人们把"沉"字改说成"重"字。这些避忌的词语容易让人联想到一些不吉利的事情。

　　二、练习题

　　1. 指出下面各段的韵脚。

　　(1) 春眠不觉晓,处处闻啼鸟。夜来风雨声,花落知多少。

　　答:韵脚为"晓、鸟、少",押"ao"韵。

　　(2) 因为有风,柳条得以轻扬;因为有雨,禾苗得以滋长;因为有花,自然才显芬芳;因为有你,生活才有了阳光。

　　答:韵脚为"扬、长、芳、光",押"ang"韵。

（3）花妩媚,是因为蝴蝶的追随;梦沉醉,是因为月色的点缀;情珍贵,是因为彼此的安慰;人幸福,是因为有爱的伴随。

答:韵脚为"媚、随、醉、缀、贵、慰",押"ei"韵。

2. 指出下面这首诗的平仄搭配情况。

白日依山尽,黄河入海流。欲穷千里目,更上一层楼。

答:仄仄平平仄,平平仄仄平。平平平仄仄,仄仄仄平平。

3. 综合分析下面两段中的语音修辞特点。

(1)年年岁岁花相似,岁岁年年人不同。

答:音节配合整齐,平仄相间,使用叠音词语。

(2)天苍苍,野茫茫,风吹草低见牛羊。

答:运用了押韵,"苍、茫、羊"押"ang"韵;使用了叠音词语"苍苍"和"茫茫"。

4. 列举两段绕口令,并分析它们在语音上的配合特点。

(1)石、斯、施、史四老师,天天和我在一起。石老师教我大公无私,斯老师给我精神食粮,施老师叫我遇事三思,史老师送我知识钥匙。我感谢石、斯、施、史四老师。

答:将发音近似的卷舌音节 shi 与非卷舌音节 si 巧妙地组合在一起,内容上意义明确,合乎情理,但语音上读起来却不顺口,听起来也不悦耳,语音与意义联系起来分析却饶有趣味。

(2)八百标兵奔北坡,北坡炮兵并排跑,炮兵怕把标兵碰,标兵怕碰炮兵炮。

答:这段绕口令所有音节的声母都是 b 和 p,将声母相同或近似的音节组合在一起,故意让人读起来很拗口,但意义上言之有理。

5. 请从近期的网络或报纸上找出 10 例具有语音美的新闻标题,并加以分析。(答案略)

第三节　词语修辞

复习与练习(三)

一、复习题

1. 词语色彩的选用包括哪几方面?各有什么修辞效果?

答:词语色彩的选用包括感情色彩、语体色彩和形象色彩的选用。

词语感情色彩的选用能表明人们对所反映事物的一种主观评价。有些词语表明人们对所反映的事物的肯定、赞扬、喜爱、尊重等感情态度,有些词语表明人们对所反映的事物的否定、贬斥、厌恶、鄙视等感情态度。

词语语体色彩的选用能够清楚地显示某种语体的语言风格,使词语同该语体保持稳定的适应关系,以取得和谐统一的修辞效果。

词语形象色彩的选用能在人们的脑子里唤起一种感性的、具体的、形象的联想,给人留下栩栩如生的印象。

2. 多义词、同义词、反义词、类义词在语言运用中各有什么样的修辞作用?

答:多义词在特定的语境里可以用来构成某种修辞方式,以表达深刻、精辟的含义,取得妙趣横生的效果。多义词还可以增加交际中的信息量,用来构成语言交际中的岔题、移花接木、双关等修辞手段。

同义词的使用,有助于人们区分客观事物或思想感情的细微差异,使人们的语言表达更加精确、严密;同义词可以满足交际上的需要,构成委婉语、禁忌语等;将一组同义词分别用于同一段话的不同位置,让它们互相配合,同中有异,相得益彰,既可避免重复,又能突出表达内容。

反义词的使用可以揭示事物的相反或相对的关系,突出事物的本质特征,使表意更加深刻周全;反义词常用来构成对偶、对比、映衬的修辞手法,从而使所要表达的语句具有鲜明的色彩和更强烈的说服力。

类义词的使用,让同一类属意义的词之间相辅相成,能使所要表达的相关意义彼此补足,内容更加周全、完整、到位。类义词接连使用,可使文章、段落立意宏阔,语势跌宕。

3. 词语的变用主要包括哪几方面?各有什么修辞功能?

答:词语的变用主要包括以下几方面:

(1) 改变词语原有的意义,这种临时的用法新奇巧妙,富有谐趣。

(2) 改变词语原有的词性,能使所要表达的意义更为丰富、深刻,语言更加精练。

(3) 对原有词语进行拆分并分别解释,能产生"望文生义"和新颖、幽默的效果,显得机智而富于哲理。

(4) 比照现有词语的结构临时仿造一个新的词语,能使所要表达的意义既出乎意料之外,又在情理之中,从而达到一种新奇活泼的效果。

(5) 改变词语原有的搭配关系,这种临时搭配新鲜机巧,令人耳目一新,使表达显得轻松、诙谐。

(6) 变换词语构成成分的位置,前后两个词语意义上大相径庭,形成对比,产生出一种新颖别致的效果。

(7) 赋予同形词语不同的含义,将不同的两件事情巧妙地结合起来,能产生机智、幽默、轻松、诙谐的效果。

二、练习题

1. 通过对比下列加点词语的意义,说明它们所起到的修辞作用。

(1) 排队挂号,头昏眼花;医生诊断,天女散花;药品收费,雾里看花;久治不愈,药费白花。

答:"天女散花"和"雾里看花"的"花"是名词,"头昏眼花"的"花"是形容词,"药费白花"的"花"是动词。在这个语段里,同时运用了不同词性的"花",形象、生动地揭示了当前医疗界的某些乱象,表达的意义深刻、精辟,富有趣味横生的修辞效果。

(2) 初见倾心,再见痴心。煞费苦心,欲得芳心。想得烦心,等得焦心。只恨你心,不懂我心。愿以恒心,融化你心。

答:这个语段巧妙地运用了多个带语素"心"的同义词和类义词。这些同义词和类义词分别用于不同语句的同一位置,让他们互相配合,相得益彰。同中有异,配合得当,既避免了重复,又突出了表达内容,使语言表达更加精确、严密,同时还具有加强语气的作用。

(3) 我是胖人,不是粗人。

答:"胖"和"粗"用来形容人的形体时意义相近,但由"胖"和"粗"构成的"胖人"和"粗人"意义却相差很大。该例通过肯定和否定句连用,突出强调"胖人"和"粗人"意义的不同。

2. 分析下列每段话在词语选用方面的特点。

(1) 女孩都追求安稳,但是又不能太安稳,这安稳里带一点不安分,但这点不安分又不能破坏安稳。

(《我的青春我做主》)

答:"安稳"和"安分"包含一个共同的语素"安",这种含有相同语素的词语的配合,可使所表达的不同意义更加突出,产生彼此互相映照、衬托、补充等效果。

(2) 人真是充满矛盾的怪物:人有爱,也有恨;人制造工具,也制造武器;人讲交情,也讲交易;人向往坦诚,却常常虚伪;人憧憬纯洁,又被迫世故;人热爱宁静,却又热衷名利……

(《环球时报》)

答:该例选用了反义词"爱"和"恨"、"坦诚"和"虚伪"、"纯洁"和

"世故";同义词"热爱"和"热衷"、"向往"和"憧憬";类义词"工具"和"武器"、"交情"和"交易"、"宁静"和"名利"。这些词语的选用,有的意义相反,形成对比、映照,寓意深刻,引人深思;有的意义相同,互相补充,语义鲜明突出;有的意义属同类,用词多变,语义丰厚,感情浓烈。

(3) 当新名人取得了骄人的成绩,有人就希望老名人要有一颗平常心,这样才不至于失落、惆怅、郁闷、甚至痛苦。所以,持平常心者被公众认为是一种美德,一种风度,一种修养。

(阿成《平常心》)

答:该例主要使用了类义词"失落"、"惆怅"、"郁闷"和"痛苦",类义词"美德"、"风度"和"修养"。这些类义词的配合使用,可使词语的运用避免雷同,富有变化,又可使所要表达的意义更加丰满、周全。

(4) 刚才主席已经声明,我这个不是报告,是讲话。我想也不是讲话,是谈话或者谈心。我是一个代表……跟大家一起谈谈心。我今天说的话,打算分两个部分。

(吕叔湘《关于中学语文教学的种种问题》)

答:该例中的"报告、讲话、谈话、谈心"是一组意义相同或相近、而有细微差别的同义词,这些用词的不同,准确地表现了说话者当时的心理状态和感情、态度,也体现了说话者平易、谦虚的品格。

3. 分析下列句子在词语变用方面的特点。

(1) 姓钱不爱钱的钱钟书——钱钟书拒收稿酬。

答:赋予同形词语不同的含义。两个"钱",一个是姓钱的钱,一个是金钱的钱。将两件事情巧妙地结合在一起,"姓钱不爱钱",幽默风趣。

(2) 长江变成"黄河"了——关于长江水土流失的报告。

答:改变词语原有的意义。"黄河"本是专有名词,这里却是指"黄色的河流",说明长江水土流失之严重。用词新奇巧妙,具有震撼人心的效果。

(3) 市场解决一万问题,市长解决万一问题。

答:变换词语构成成分的位置。"一万"和"万一",构词成分虽一样,但构词语序不同,因而意义也不一样。"一万问题"是指大部分问题或一般性的问题,"万一问题"是指个别的或突发性的问题。这句话精辟地指出哪些事情应该交给市场解决,哪些事情应该由政府管。

(4) 经济适用房,经济了谁?

答:改变词语原有的词性。"经济"是个名词兼做形容词,但在"经济了谁?"中却做动词,不但带上了宾语,并且还带了助词"了",是动词的典型用法。这一词性的改变,使语言表达不但显得简洁、凝练,而且包含了丰富而又深刻的内容,它揭示了经济适用房分配中存在的某些不规范、不合理的现象。

(5) 在那被洗去的浮艳下,我能看到她们在日光下所深藏的恬静的红,冷落的紫和苦笑的白与绿。

答:改变词语原有的搭配关系。"恬静的红,冷落的紫和苦笑的白与绿",这些超常搭配体现了作者丰富的想象,文中的"深藏、恬静、冷落、苦笑"表现了音乐的含蓄、委婉,这些词跟颜色词搭配,好像作者能从音乐中"听"出色彩来,深刻地表现了作者虽然心境宁静、淡泊,却又难免产生些许淡淡的哀愁。

(6) 过了就错了,这就是过错。

答:对原有词语进行拆分并分别解释。"过错"一词通常的意义并非"过"和"错"意义的简单相加。但在某些特定的语境下,将"过错"一词进行拆分,并分别解释,也能言之成理,并且具有新奇、诙谐的效果。

(7) 任何天衣无缝的故事,到了她那儿,都会变得天衣有缝。

答:比照现有词语的结构临时仿造一个新的词语。"天衣无缝"是固有词语,"天衣有缝"是临时仿造。这一仿造具有映照对比、言简意赅、新颖奇妙、幽默风趣的效果,突出了她天真、活泼、爱钻牛角尖的性格。

第四节 句子修辞

复习与练习(四)

一、复习题

1. 长句与短句、整句与散句各有什么样的修辞效果?

答:长句是指词语较多、结构较复杂的句子,短句是指词语较少、结构较简单的句子。长句表意较丰富、周密、细致;短句表意较简洁、明快、灵活。长句和短句的交错出现,可使行文疏密有致、生动活泼,同时具有这两种句式的修辞效果。长短句结合既能清楚地把思想表达出来,又能使语言富有变化,节奏明快,大大增强感染力。

整句能体现出语言的整齐美、均衡美,增强语言的气势和力度;散句不拘一格,灵活多变,能体现出语言的参差美、变化美。在实际的语言运用中,单用整句容易使语言单调、呆板,单用散句会让语言缺少节奏感和韵律美。所以,整句和散句应该结合起来使用,这样可以兼顾两种句式的表达效果。

2. 从修辞的角度看,被动句主要用于哪几种情况?

答:被动句主要用于以下几种情况:

(1) 为了突出动作的承受者,强调承受者所经受的动作、行为及其带来的结果。

(2) 为了保持叙述角度的一致,使前后话题连贯、语义顺畅。

(3) 大多表示不如意的事情。

3. 在表意相同的情况下,使用肯定句与否定句有什么不同的表达效果?

答:同样一个意思,既可以用肯定句表达,也可以用否定句表达,但它们的语义轻重、强弱不同。肯定的说法,语义强一些;否定的说法,语义弱一些。否定句中的双重否定用法,则表示非常肯定的意思。有时,为了强调、突出一件事情、一个观点,可以同时从肯定方面和否定方面分别表述,将肯定句和否定句前后排列,从正反两个方面说明情况或表明观点,起到相互映衬、加强语势、增强效果的作用。

4. 设问句、反问句各有什么样的修辞作用?

答:设问句主要用来提示话语的主题,吸引读者的注意力,使表达的重点更加显豁。有的设问句可以起到承上启下的作用,使文章衔接更加紧密,条理更加清晰。设问句还可使文章句式显得起伏多变,避免全文句式的单调、呆板。

反问句语势强烈,比陈述句更有力量。反问句有肯定形式和否定形式,它所表示的意义和它的形式正相反,肯定形式表示否定意义,否定形式表示肯定意义。反问句在论辩中用得很频繁,能起到咄咄逼人,增强进攻力和防守力的作用。

二、练习题

从句子修辞角度,指出下列语句的句子形式及其表达效果。

(1) 春季给您带来沉醉,夏季给您带来欣慰,秋季给您带来甜美,冬季给您带来回味。

答:这是一个整句,体现出语言的整齐美、均衡美。内容之间相互补充,同时又加强了语言的气势和力度。

(2) 死海的水浮力为什么那么大?因为海水的咸度高。

答:这是一个设问句。设问句主要用来提示话语的主题,吸引读者的注意力,使表达的重点更加显豁。

(3) 我是你的员工,不是你的仆人。

答:这是一个肯定、否定连用句。肯定、否定前后排列,起到了强调、突出"我"的"员工"身份,而非"仆人"身份的作用。

(4) 有时,我们总是把别人的成功归结于运气好,把自己的不幸归咎于上天的不公,但有没有想过,之所以有人能抵御住各种声色利禄的困扰,是因为他们思想过硬;之所以有人能在激流险滩中"胜似闲庭信步",是因为他们实力雄厚;之所以有人能在关键时刻扼住命运的咽喉,是因为他们意志坚强。

答:这是一个长句,动词"想过"之后带了一个长宾语。长宾语从不同角度列举了各种现实问题,全面周到,读起来有一种气势感。

(5) 与学习同行,你会发现:原来春有百花,夏有凉风,秋有朗月,冬有飞雪,教师人生的四季风光竟是如此迷人!我们的教育事业原来可以如此灿烂辉煌!

答:这段话整散结合,整散兼用,既有整齐美,又有变化美。

(6) 有谁愿意和灰头土脸、萎靡不振的人为伍呢?

答:这是一个反问句。突出、强调没有人愿意和灰头土脸、萎靡不振的人为伍,语势强烈,比陈述句更有力量。

(7) 如果有了这样的胸怀,还有什么容不下的东西呢?还有什么意见不能听取,什么缺点和错误不能改正呢?

答:这里连用了三个反问句,语势咄咄逼人。

(8) 北京的气候,对养花来说,不算很好。冬天冷,春天多风,夏天不是天旱,就是大雨倾盆,秋天最好,可是忽然会闹霜冻。在这种气候里,想把南方的好花养活,我还没有那么大的本事。因此,我只养些好种易活、自己会奋斗的花草。

答:这段话用的是短句,表意较简洁、明快、灵活。

第五节 辞 格

复习与练习(五)

一、复习题

1. 什么是比喻?比喻中的明喻、暗语和借喻有什么不同?

答:比喻是指在描写事物或说明道理时,用跟它有相似点但本质上又不同的别的事物或道理来打比方。

明喻:本体、喻体都出现,喻词是"像、好像、如、如同、犹如、似、恰似、好似、若、仿佛"等词语。暗喻也叫隐喻,本体、喻体也都出现,但喻词是"是、就是、为、成为、变成、等于、当做"等词语。借喻:本体不出现,也不用喻词,直接用喻体代替本体。与明喻、暗喻相比,借喻的本体和喻体关系最密切。

2. 什么是比拟?比拟和比喻有什么不同?

答:把物当做人来写,把人当做物来写,或把一物当做另一物来写,这种辞格叫比拟。比拟和比喻有相似之处,它们都是以甲事物比做乙事物。但它们有一个根本的区别,那就是比喻中的喻体一定出现,而比拟中用来作为比拟的人或事物即"拟体"并不出现。

3. 什么是借代?常见的借代类型有哪些?

答:借代就是不用事物本来的名称,而用跟它有密切关系的其他事物的名称去代替。被代替的叫本体,用来代替的叫借体。常见的借代类型有:部分代整体,专名代泛称,抽象代具体,作者代作品,产地代产品,事物的特征或标记代本体等。

4. 什么是夸张?夸张有哪些类型?

答:通过形象化的语言,对客观的人、事物加以艺术化地夸大或缩小描述。这种修辞方式叫夸张。夸张可以分成扩大夸张和缩小夸张两种类型。

5. 什么是拈连?

答:拈连就是把用于甲事物的词语"拈"来"连"在乙事物上。一般来说,甲事物比较具体,多数在前;乙事物比较抽象,多数在后。拈连的词语跟甲事物的搭配是合乎常规的,而跟乙事物的搭配是超越常规的。

6. 什么是双关?双关的构成方式有哪些?

答:借助语音或语义的联系,使同一词语有言内和言外两层意思,这种言在此而意在彼的修辞方式叫双关。从构成方式看,双关可以分为谐音双关和语义双关。

7. 什么是仿拟?仿拟有哪些类型?

答:仿拟是根据现有的语言形式临时仿造出新的语言形式的一种修辞方式。根据仿拟的语言形式,可分为仿词、仿句、仿篇三种类型。

8. 什么是反语?反语有哪些类型?

答:反语是指故意使用与本来意思相反的语句来表达本意的一种修辞格。也叫"反话"。字面意义和实际要表达的意义正好相反。根据反语的语言形式和意义的不同,可分为反话正说和正话反说两类。

9. 什么是排比?

答:把三个或三个以上结构相同或相似、内容相关、语气一致的语句排列起来,这种修辞方式叫排比。

10. 什么是对偶？对偶有哪些类型？

答：把字数相等、结构相同(或基本相同)、意义相近、相反或相连的两个句子或短语成双作对地排列在一起,这种修辞方式叫对偶。对偶可分为正对、反对、串对三类。

二、练习题

指出下列句子或段落所使用的修辞格,并具体说明它们的修辞功能。

(1) 半公斤榜样,比一吨教训更值钱。

答：比拟中的拟物,将表示抽象概念的"榜样、教训"比拟为可称重量的具体事物,使所要说明的道理更易被人们理解、接受,语言显得新颖、生动。

(2) 不写情词不写诗,一方素帕寄心知,心知接了颠倒看,横也丝来竖也丝。这般心事有谁知？

答：谐音双关。"丝"音同"思"。文字表面上说素帕是用"丝"织成的,实际上说的是男女恋人之间的思念之情。意义表达委婉、含蓄。

(3) 一个国家、一个民族,总要有一批心忧天下、勇于担当的人,总要有一批从容淡定、冷静思考的人,总要有一批刚直不阿、敢于直言的人。

答：排比。把相关的内容一气呵成地表达出来,语势强烈,语义贯通,节奏整齐有力。

(4) 他是懦夫上校,一个拿破仑帝国时代的军人,在荣誉和爱国观念上是个"老顽固"。

答：反语。"老顽固"是个贬义词,明贬暗褒,正话反说,幽默诙谐,带有喜爱、亲切的感情意味。

(5) 米醋酱油巧成三角,香软酥甜不费几何。

答：对偶。形式上整齐美观,协调匀称,显示出一种对称美；在内容上言简意赅,概括力强,显示出一种凝练美。

(6) 谎言是搁浅的鲨鱼,它可能会活蹦乱跳,看起来很吓人。但你只要静静地等,过不了多久它就死了。

答：比喻。将谎言比喻为搁浅的鲨鱼,使抽象、深奥、复杂的道理变得具体、浅显、简单,通俗易懂,便于人们理解、接受。

(7) 要说渴,真有点渴,嗓子冒烟脸冒火,我能喝它一条江,我能喝它一条河。

答:扩大夸张。强调"我"已经非常渴了。

(8) 不料来到夕佳楼下,却登不了楼,一把铁锁,锁住双扉,也锁住了游人的兴致。

答:拈连。将用于"扉"的词语"锁"顺势用于"兴致",这种超常组合,巧妙地将前后两件事情联系起来,赋予抽象的事物以具体形象,新颖别致,能启发人们的联想和感悟。

(9) 这山峡,天晴的日子,也成天不见太阳;顺着弯曲的运输便道走去,随便你什么时候仰面看,只能看见巴掌大的一块天。

答:缩小夸张。强调山峡之窄,视野之小。

(10) 爱是一杯水,平凡中见真滋味;爱是一杯茶,有沁人心脾的芳香;爱是一杯咖啡,香浓味留转唇齿间;爱是一杯酒,浓烈的滋味留在心头。

答:排比。用结构相同或相似的句子形式把跟"爱"相关的内容一口气说出来,语义连贯,气势强烈,形式整齐,节奏有力。

(11) 细胞刀脊髓止痛术——让癌症患者"安乐活"。

答:仿拟。"安乐活"是仿照"安乐死"临时造出来的,非常巧妙地表达了这项医疗技术的非凡功效,言简意赅,富有新意,又使语言表达显得幽默诙谐、活泼生动。

(12) 一步登天为拙招,得寸进尺方有效。

答:反语。"得寸进尺"是个贬义词,这里贬词褒用。用反面的词语表达正面的意义,新颖巧妙,幽默诙谐。

(13) 揽天下名品,献人间真情。

答:对偶。上下句整齐美观,匀称协调,显示出一种对称美。将产品与感情联系起来,彼此互相映衬。

(14) 三人行必有我师,三人行必有我鞋。

答:仿拟。后一句是仿照前一句造出来的。由于人们对"三人行必有我师"这一名句非常熟悉,因此仿照这一名句造出来的广告语也很容易被人们记住。

(15) "原来你家小栓碰到了这样的好运气了。这病自然一定全好;怪不得老栓整天的笑着呢。"花白胡子一面说,一面走到康大叔面前⋯⋯

答:借代。用"花白胡子"来代替留着花白胡子的人,突出了说话人的特征,使表达活泼风趣、行文简洁。

(16) 在高原的土地上种下了一株株的树秧,也就是种下了一个个美好的希望。

答：拈连。将用于"树秧"的"种"顺势用于"希望"，使前后两件事物联系巧妙自然，赋予抽象的事物以具体形象，新颖别致。

(17) 风过去了，只剩下直的雨道，扯天扯地地垂落，看不清一条条的，只是那么一片，一阵，地上射起无数的箭头，房屋上落下万千条瀑布。

答：比喻中的借喻。"箭头、瀑布"是喻体，分别用来描述雨落在地上溅起的水花和从房屋上落下的连成一片的水流，非常形象、生动。

(18) 没有幽默感的人就像没有减震器的车，路上每块石子都让它左摇右晃。

答：比喻中的明喻。将"没有幽默感的人"与"没有减震器的车"的相似点揭示得很深刻，形象传神。

(19) 桃树、杏树、梨树，你不让我，我不让你，都开满了花赶趟儿。

答：比拟中的拟人。赋予树木以人的动作行为，将树木写得生动活泼，富有情趣。

(20) 自行车下坡——不睬（踩）你。

答：谐音双关。利用"踩"和"睬"的谐音关系，产生言在"踩"而意在"睬"的效果，语义含蓄，韵味无穷，使语言表达充满情趣。

第六节 语　体

复习与练习（六）

一、复习题

1. 什么是语体？语体和文体有什么不同？

答：语体是在语言使用过程中，因交际领域、内容、方式、目的、对象的不同，逐渐形成的言语体式，这些言语体式各自具有一系列相对稳定的语言运用特点。

语体不同于文体。语体是一种言语体式，文体是文章的体裁、体制或样式。语体是一种语言运用现象，属语言学的范畴；文体属文章学或文学的研究范围。语体包含有口语形式和书面形式；文体则仅指书面形式。

2. 各种语体都有什么样的修辞特征？

答：谈话语体的修辞特征是通俗、明晰、简约、生动。公文语体的修辞特征是准确、规范、简明、庄重。专门科技语体的修辞特征是精确、严谨，排斥带有感情色彩的表达。通俗科技语体的修辞特征是通俗、明快。文艺语体的修辞特征是突出形象感，注重情感和美感的表达、渲染。

3. 各种语体的语言运用特点具体表现在哪些方面？

答：(1) 谈话语体的语言运用特点：充分利用各种语音修辞手段；大量使用带有主观色彩和形象色彩的词语；大量使用非主谓句或者省略句，多用单句，少用复句，句子短小，结构简单，修饰成分少；主要使用通俗易懂的修辞格；大量借助肢体、神态等辅助手段来表情达意。

(2) 公文语体的语言运用特点：大量使用专有的公文语体词；大量使用"的"字短语、介词短语和联合短语；大量使用陈述句和祈使句，结构上则表现为多使用动词性非主谓句；较少使用修辞格；篇章结构程式化。

(3) 科技语体分专门科技语体和通俗科技语体。

专门科技语体的语言运用特点：大量使用科技术语、外来词、国际通用词；句子的选用比较单一；很少使用修辞格；篇章结构规范化。

通俗科技语体的修辞特征是通俗、明快。多用日常口语的方式把科技术语的内容通俗地表达出来，句式上比较灵活多变。为增加读者的兴趣，会适当地使用比喻、比拟、对偶、排比、设问等修辞格。但在严谨、科学、客观等方面，通俗科技语体与专门科技语体的修辞特征大体一致。

(4) 文艺语体的语言运用特点：充分利用语音、词汇的修辞功能；句子形式灵活多样，不拘一格；灵活使用各种修辞格；语言风格丰富多样。

二、练习题

1. 从语体的角度分析下面改句的合理性。

(1) 原句：吴妈此后倘有不测，应由阿Q负责。

改句：吴妈此后倘有不测，惟阿Q是问。

(鲁迅小说《阿Q正传》中，阿Q订立的五条约)

答：原句"应由阿Q负责"说的是情理上应该由阿Q负责，阿Q并非一定要负责，而改句"惟阿Q是问"具有排他性，带有不容置疑的意味，更符合公文语体严肃、庄重的特点。

(2) 原句：小草看蜜蜂去了，心里还是切切念着他；不知道医生给他诊治能否速效……

改句：小草看蜜蜂飞走了，心里还是很惦记着它；不知能不能快治好……

(叶圣陶童话《含羞草》)

答：原句带有书面语色彩，不便童话读者理解。而改句带有口语色彩，通俗易懂，更易被读者接受。

(3) 原句：张宗礼怕出险，放平车子时，叫放一点钟五公里的速度。

改句：张宗礼怕出险，放平车时，叫慢着点。

(杨朔小说《北黑线》)

答：原句"放一点钟五公里的速度。"是个抽象的概念，相对原来是快了还是慢了，人们并没有直观的感受，而且读者也不需要对车速了解得这么精确、专业。而改句"放慢点"，简洁易懂，符合人们日常说话习惯。

(4) 原句：我的确是有点怨哀，但我的怨哀并不是怕和你别离，乃是恨我自己身非男子。

改句：我的确是有点悲哀，但我悲哀的不是怕和你别离，我悲哀的是我不是男子。

(郭沫若话剧《棠棣之花》)

答：话剧要通过口语和动作来达意传情，原句的"怨哀"不如改句的"悲哀"通俗好懂，原句的"乃是恨我自己身非男子"带有文言色彩，而改句的"我悲哀的是我不是男子。"是一句人人都懂的现代白话。在舞台上通过口头表达出来，改句的效果比原句好。

2. 根据括号中所示语体的修辞要求，修改下列句子。

(1) 自从青海玉树地区发生地震灾害以来，我市各界对灾区人民生活甚是关心，积极开展赈灾活动，捐款(包括实物折款)累计已逾百万之巨。(广播稿)

改为：青海玉树地区发生地震灾害以后，我市各界对灾区人民生活都很关心，积极开展救灾活动，捐款(包括实物折款)累计已超过一百万。

(2) 我校教室共有八间，有五间正处于风雨飘摇之中，东倒西歪，朝不保夕，十分危险，迫切希望教委伸出援助之手，拨款修整为荷。(某校给教育局的请示)

改为：我校教室共有八间，有五间属于危房，随时都有倒塌的危险。迫切希望教委伸出援助之手，拨款修整为荷。

3. 对比下面两个段落，分析它们的语体归属和修辞特点。

(1) 然而，枝繁叶茂的满园绿色，却仅有零零落落的几处浅红、几点粉白。一丛丛半人高的牡丹植株之上，昂然挺起千头万头硕大饱满的牡丹花苞，个个形同仙桃，却是朱唇紧闭，洁齿轻咬，薄薄的花瓣层层相裹,透出一副傲慢的冷色,绝无开花的意思。偌大的一个牡丹王国,竟然是一片黯淡萧瑟的灰绿……

答:属于文艺语体。使用了许多具有描绘色彩的词语、叠音词语,使用了拟人的修辞格,还有词语的超常搭配。这些都是文艺语体常用的修辞手法。

(2) 牡丹为多年生落叶小灌木,生长缓慢,株型小,株高多在 0.5~2 米之间;根肉质,粗而长,中心木质化,长度一般在 0.5~0.8 米,极少数根长度可达 2 米。叶子有柄,羽状复叶,小叶卵形或长椭圆形,花大,单生,通常深红、粉红或白色,是著名的观赏植物。

答:属于科技语体。用词精确、严谨,意义单一。多处使用科技术语和具体、精确的数字;多用陈述句、主谓句;没有使用修辞格,不带有任何主观感情色彩。

《现代汉语》思考与讨论参考答案

第一章 绪 论

第一节 现代汉语概说

思考与讨论

你的家乡话属何种方言?试着把家乡话同普通话进行比较,看看有哪些主要差异。(答案略)

第二章 语 音

第七节 音 变

思考与讨论

有的人认为不用儿化也不会影响交流,而且儿化是北京话的土语说法,其他地方的人不必掌握。请你谈谈这种观点是否正确,并举例说明。

提示:儿化在北京语音里有着较为广泛的使用,是北京语音的一个显著特点。儿化在词义表达方面有不容忽视的作用,因此不应把儿化排斥在普通话之外,普通话语音系统应该对儿化有所吸收。现在吸收到普通话里的儿化词,大部分都具有区别语义、区分词性或表达一定感情色彩的作用。

儿化在语音系统中有重要地位,与词汇语法关系密切,因此不能认为儿化全部都是北京的土语说法。只有那些不能区分词义的,甚至在北京话内部也存在分歧的儿化,才应该看做是北京话的土语成分,如"字——字儿、卡片——卡片儿、上班——上班儿"等。

汉语南方方言中一般没有儿化,方言区人掌握儿化发音不太容易,也不大知道哪些词应要读儿化,学习起来有一定困难,所以普通话吸收儿化词,应该根据表达的需要加以选择,对北京话中不同的儿化情况要区别对待,能区分意义和按习惯只有儿化一种说法的,就加以审定吸收进普通话。

第三章 文 字

第四节 现代汉字的结构

思考与讨论

有人认为,汉字部件在组字过程中发生了变形,增加了学习的困难,这完全是没必要的。你怎么看?

提示:部件在组成汉字的过程中,为了整体的美观匀称,有必要与其他部件在形体上相互协调,这样同一部件在字的不同位置可能会有不同的形体;如果不作适当的协调、不作适当的变形,就会牺牲所组成汉字整体的美观匀称。

第五节 汉字的整理和标准化

思考与讨论

想一想下列汉字可能会有哪些错误写法。

步 场 策 荒 茂 切 染
烧 吞 柔 武 迎 庄 纸

提示:"步"字下部容易写做"少";"场"字右上角可能多加"亠";"策"下部容易写做"束";"荒"字中部容易在"亡"的末笔多加一点,或者写做"云";"茂"字下部容易写做"戍";"切"字右旁容易写做土字边;"染"字右上角容易写做"丸";"烧"字右上角容易写做"戈";"吞"字上部容易写做"天";"柔"在上部容易写做"予";"武"字"弋"旁容易写做"戈";"迎"字右上角容易写做"卯";"庄"字右下角可能多些一点;"纸"字右旁容易写做"氏"。

第四章 词 汇

第四节 同义词和反义词

思考与讨论

谈谈义素和语义场的关系。

提示：义素是对词的义项进行分解而得到的最小的意义元素。语义场是由词义间具有一定联系的一组词构成的语义聚合。

从义素的角度看，同一个语义场中的词语在意义上都具有共同的义素，同时也具备相互区别的义素。通过义素分析，可以看到语义场内部各成员之间的异同。同一个词语的意义具有多个义素，从不同的义素着眼，这个词语可以和不同的词语形成不同的语义场。

语义场可以为义素的分析和确定提供依据。义素通常是通过对比的方法确定的。义素分析一般要在一组相关词中进行，只有通过相关词的对比，才能找出它们共同的义素和相互区别的义素，最后分解出每个词的具体义素。

第五节　现代汉语词汇的组成

思考与讨论

请调查一下你的方言中有没有隐语。（答案略）

第六节　熟　语

思考与讨论

找出五对意思相同或相近的成语和谚语，并谈谈二者之间的区别。

提示：得过且过——做一天和尚撞一天钟
　　　直言不讳——打开天窗说亮话
　　　自相矛盾——自己打自己嘴巴
　　　瞻前顾后——前怕狼后怕虎
　　　吹毛求疵——鸡蛋里面挑骨头
　　　祸不单行——屋漏偏逢连夜雨
　　　强人所难——牛不喝水强按头

成语是人们长期习用、书面色彩较强的固定短语。谚语是民间流传的、通俗易懂而又含义深刻的固定语句。谚语在形式上是简短的句子，但是结构上是固定的，不能随意改变成分，一般作为一个整体引用。谚语和成语一样包含有精辟的说理，但它往往将抽象的概念寄寓于具体的形象，言浅意深。成语一般有典源，来自神话寓言、历史故事和诗文语句等，在固定成四字结构后一般用于书面语，谚语多来自民间，通俗易懂，口语色彩较浓厚。

第五章 语　法

第一节　语法概说

思考与讨论

语法体系为什么会产生分歧,对此应持有什么态度?

提示:(1)语法体系之所以产生分歧,是因为语法学者往往占有不同的语言材料,观察问题和分析问题的角度也不同。(2)语法分析带有一定的主观性,不同的学派持有不同的看法与观点在所难免。(3)语法体系存在分歧是合理的,这种分歧将会一直存在。随着语法研究的不断深入,旧的分歧逐渐减少,新的分歧又会出现。因此,对不同的语法体系宜采用包容的态度,应看到不同语法体系的优点,取长补短,推动语法研究走向深入、全面。

第三节　词类(下)

思考与讨论

近年来汉语中越来越多地出现了一种程度副词修饰名词的现象,如"很淑女""很中国""很奶油"等。请你再举出类似的例子,仔细考察能够进入这一格式的名词,看看有什么共同特点。

提示:"很西藏、很绅士、很八卦"等,其中的名词会失去名词的语法特征。因受"很"的修饰是形容词的语法特征,这里的名词不起指称事物的作用,而是表示事物的属性的。这种用法,如果是临时的,是名词的活用。这种用法如果固定下来,则产生新的形容词,如"科学、道德"等。

第四节　短　语

思考与讨论

试谈现代汉语短语的结构类型和功能类型之间的关系是怎样的。

提示:从功能角度来看,短语主要有名词性、谓词性两种类型。一般而言,一种结构类型,往往属于某一种功能类型,如定中短语属于名词性的,状中短语是谓词性的。但是,联合短语可以是名词性的,也可以是谓词性的。一些实词和虚词构成的短语,其功能类型不太好归入名词性的或谓词性的,如介词短语、比况短语。量词短语,也不太好归入上面两种类型。

第五节 句法成分

思考与讨论

结合词类的功能来看,词类与句法成分之间是否有对应关系?

提示:汉语中词类和句法成分之间没有简单的一一对应关系,词类具有多功能性。但是,词类和句法成分之间还是有关系的,名词多充当主、宾语,少充当谓语或谓语中的中心语。动词、形容词多充当谓语或谓语中的中心语,少充当主、宾语。而副词一般只能充当状语,区别词一般只能充当定语,虚词不能充当句法成分。

第六节 单 句

思考与讨论

"把"字句和"被"字句之间是否都可以变换?

提示:典型的"把"字句和"被"字句一般可互相变换。但不是所有的"把"字句和"被"字句都可以互换。

"被"字句中"被"后的名词性成分有时不出现,即使出现,也是人所共知的成分,比如"手机被人偷走了"中"被"后的施事是"人"。这时,不能说成"人把手机偷走了"。再者,如果"被"后不出现施事,变换成"把"字句也就无从谈起。"把"字祈使句不能变换成"被"字句,"被"字句不用于祈使句。"被"字句或"把"字句的主语不出现时,难互换。当句式中的动词为单音节动词时,句式不典型,难互换。

第六章 修 辞

第二节 语音修辞

思考与讨论

试谈现代诗文与古代诗文在利用语音修辞方面有何异同。

提示:相同之处是现代诗文和古代诗文都要利用押韵、声调配置、音节调配以及双声、叠韵、叠音、拟声的选用等语音修辞手段,来使所要表达的语言获得声情并茂的音响效果。

现代诗文与古代诗文在语音修辞方面的差异主要表现在押韵、平仄协调和音节的调配上。

押韵是汉语诗歌的基本要求,"五四"以后虽然出现了一些不押韵的新诗体,但总的来说还是押韵的,只不过选韵更自由了,范围更大了,不像以往那么严格。

我国古代的诗绝大多数都是逢双句押韵,有的第一句也用韵,规律性很强。现代诗文有许多不规则的押韵,韵脚的出现不遵循一定的规律,各韵脚之间间隔的句数可以不相同。特别是现代长篇自由诗中,旋律松散,规律性不强。

古代诗文押韵大都根据《佩文诗韵》来选韵。押韵的原则是平只押平,入只押入,上、去可以互押。现代诗文押韵,打破了旧原则,不再受平仄声调的限制,凡是韵母相同或相近的音节都可以互押。

平仄是古代诗词格律的一个重要因素。格律诗对平仄的要求很严格,平仄安排的情况可以概括为:"同句中相互交替,对句中彼此对立"。这两大类声调在诗词中有规律地交替使用,形成诗词音调抑扬起伏、悦耳动听的音乐美。在现代诗文中,对平仄的要求不像格律诗那么严格,有的甚至没有平仄协调的要求。

诗词的音节又称节奏,它指的是诗词中语言结构的停顿,五言律诗的语言结构的停顿一般是二、三,七言律诗的语言结构的停顿一般是二、二、三,不管是五律还是七律,其音节都整齐匀称,形成鲜明的语言节奏。

现代诗文不要求每句字数一样,音节一致,句式变化多样,但其音节一般也要考虑整齐匀称。各种音节的组合也要受语言节奏的制约,而语言中的节奏是通过音节的配合来实现的。

第五节 辞 格

思考与讨论

1. 用顶真、回环、层递、对比、映衬、通感六种辞格各造一例。(答案略)

2. 尝试分别写出辞格叠用、连用、套用的句子。(答案略)